必勝 바둑 강좌 10

승부 수 묘수풀이

기초 및 응용 실전 묘수해설

5段 沈宗植 校閱

일신서적출판사

머 리 말

《기경중묘(碁經衆妙)》는 임가중홍(林家中興)의 원조라고 불리던 11대 林元美의 작품이며, 고대로부터 『묘수풀이의 성서』라고 불리던 유명한 저서이다.

지금까지 이 책을 참고로 하여 여러 가지 묘수풀이의 기보가 만들어졌거나, 특히 《기경중묘》를 소재로 해설을 해놓은 것도 여럿 있었다. 그러나 이 책을 펴내는 데 있어서, 특히 이 명저(名著)의 정수를 바둑 팬인 독자들에게 되도록 알기 쉽게 전한다는 의미에서 기보(碁譜)의 선별부터 신중을 기했다. 기본적이며 실전적인 그림을 되도록 많이 수록하였고 유사형(類似型)의 채택은 되도록 삼가하였다.

제1장에서는 사는 수, 잡는 수, 패 만드는 수, 공격 수 등을 다루는 수준높은 문제를, 제2장에서는 여기에다가 건너는 수, 몰아따는 수 외에 연구문제를 참고로 다루었다. 특히, 이 책에서는 패의 성질에 대해 되도록 쉽게 해설하였다. 패에 강해진다는 것은 바로 기력의 향상과 직결된다는 뜻이다. 그러므로 바둑 애호가 여러분들은 부디 이 패만드는 수를 올바르게 이해함과 동시에 이 패를 즐겨 두기 바란다.

연구문제의 항목에서는 사활(死活)로 단정지을 수 없는 것들을 모아 보다 더 연구할 과제를 두었다. 예를 들어, 죽었다고 단정한 경우에도 본패, 늘어진 패 또는 2단패가 되어 되살아 나는 경우도 있다. 올바른 해답을 얻어내기 위해서는 절대로 이 항목을 무시할 수 없다. 이것이 바로 바둑의 난해한 면이며 재미있는 점이기도 하다.

차 례

제1장
기초편

1. 사는 수

문제1 • 白선

〈힌트〉
"귀의 곡4"가 되지 않도록 요주의한다.

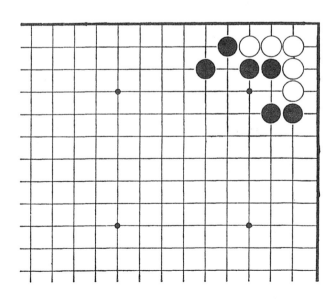

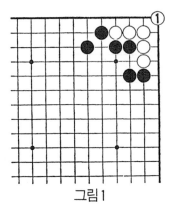

그림1

문제1 ● 해답

그림1(정해)

기경중묘의 첫머리에 흔히 나오는 문제이다.

소위 "좌우동형이면 중앙으로 착수한다"는 격언의 견본이라고 할 수 있다.

白1로 늦추는 것이 이 경우에 유일하게 사는 수단이다.

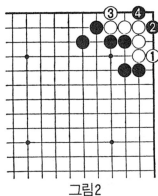

그림2

그림2(실패)

白1 등으로 궁도를 넓히면 黑2로 급소에 치중하고, 白3에는 黑4로서 "귀의 곡4"가 되어 결국 죽게 된다.

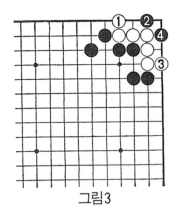

그림3

그림3(실패)

白1로 이쪽에서부터 넓혀도 黑2, 4를 두면 앞 그림과 똑같은 모양이 된다.

문제2 • 黑선

〈힌트〉
순간적으로 수가 떠올라야 하는 기본적인 문제이다.

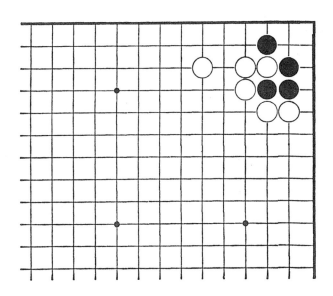

문제2 • 해답

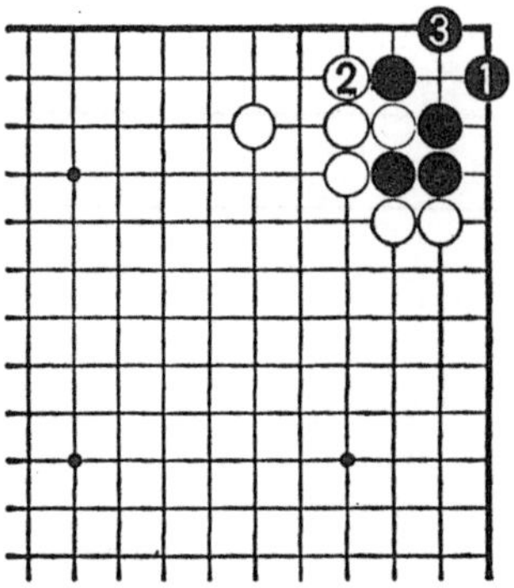

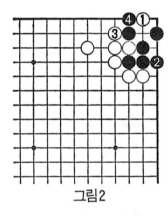

그림1

그림1(정해)

黑1의 호구치기로 살 수 있다.

白2이면 黑3으로 받는다.

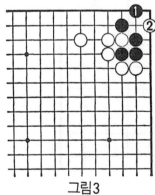

그림2

그림2(변화)

앞 그림의 白2로서 1로 치중을 하여도 黑2로 눈을 만들고 있게 되면 속수 무책이다.

그림3

그림3(실패)

같은 호구치기라고 하더라도 黑1은 착각이다.

白2의 급소에 치중하게 되면 순식간에 죽는다.

문제3 • 黑선

〈힌트〉

궁도를 넓히는 것이 기본적으로 사는 방법이다.

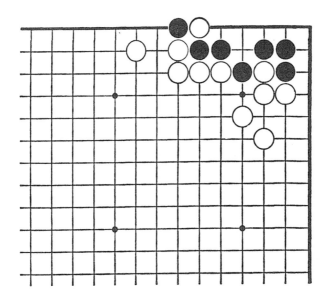

문제3 • 해답

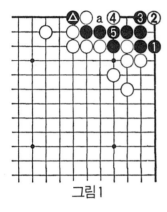

그림1

그림1(정해)

잠자코 黑1로 내려서면 산다.

白2의 치중에는 黑3으로 응수하고 다음에 白4라면 黑5로 잇는다. 黑 ▲로 인하여 白a에 연결할 수 없다.

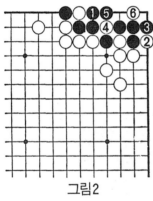

그림2

그림2(실패)

黑1로 잡으면 白2의 젖히기에서부터 4로 먹여쳐 결국 죽게 되므로 요주의한다.

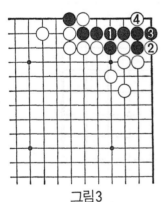

그림3

그림3(실패)

黑1의 잇기로 살 것 같지만 白2의 젖히기가 역시 좋은 수단이며, 계속해서 白4의 치중으로 黑은 살아날 수 없다.

문제4 • 白선

⟨힌트⟩

호구치기나 뛰기로는 이런 경우 잘 풀리지 않는다. 그렇다면?

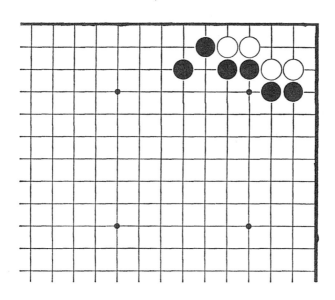

문제4 • 해답

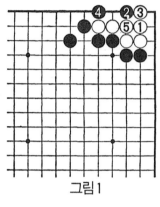

그림1

그림1(정해)

白1의 꼬부리기가 이 모양에 있어서의 포인트이다. 이 수단이외에는 어떤 수로도 무조건 살 수 없다.

黑2의 치중이라면 白3으로 막아도 무방하다.

黑4에는 白5로 단수한다.

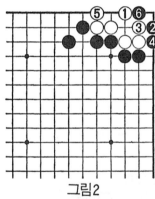

그림2

그림2(실패)

白1의 호구치기도 좋을 것 같지만 黑2의 치중이 날카로운 수로서 이하 黑6까지 패가 된다.

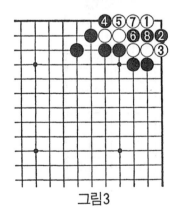

그림3

그림3(실패)

白1의 뛰기는 이 경우 착각이다.

黑2로 급소에 치중하고 白3일 때 黑4의 젖히기로 잡힌다.

문제5 • 白선

〈힌트〉

앞 그림과 같은 맥이다. ◬의 역할을 주시하도록 하자.

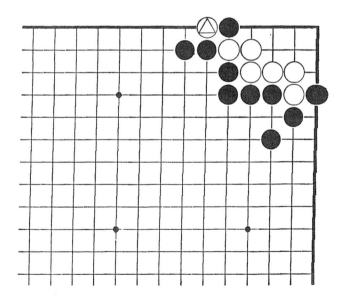

문제5 ● 해답

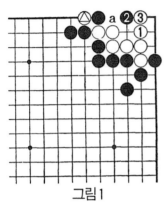

그림1

그림1(정해)

앞 그림과 마찬가지로 白1의 꼬부리기가 급소에 해당한다.

黑2의 치중이라면 白3으로 받고 산다. △의 영향으로 黑a에 연결할 수 없는 것도 앞 그림과 같은 맥이다.

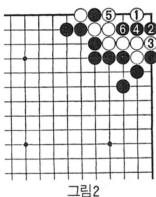

그림2

그림2(실패)

白의 뛰기도 기본 중의 하나이나 이 경우에는 黑2의 치중으로 안 된다.

白3일 때, 黑4에서 6까지의 치중으로 白이 잡힌다.

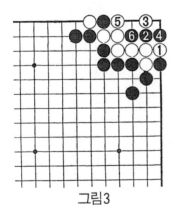

그림3

그림3(실패)

白1로 막아보아도 黑2로 두면 白3의 저항도 보람없이 이하 黑6까지 앞 그림과 같은 모양으로 죽는다.

문제6 • 白선

〈힌트〉

자칫하면 잡힌다. 여러 가지 수가 있는 것처럼 보이지만 …….

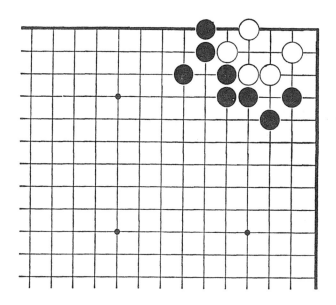

문제6 ● 해답

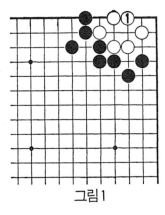

그림1

그림1(정해)

白1로 잠자코 눈을 만드는 것이 이 모양에서의 급소이다.

다음은 黑이 어떻게 두어도 白이 살았다는 것을 쉽게 알 수 있을 것이다.

白1은 반드시 기억해야 할 기본 중의 하나이다.

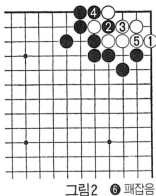

그림2 ❻ 패잡음

그림2(실패)

白1의 ㅁ자는 상당한 수이지만 黑2의 먹여치기로부터 4까지가 올바른 수순으로서 결국 黑6까지 패가 된다.

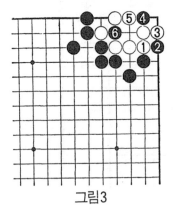

그림3

그림3(실패)

白1에 대해서는 黑2의 젖히기에서부터 4로 붙이는 좋은 수가 있어 이 한 수로 죽게 된다.

문제7 • 黑선

〈힌트〉

단수니까 잇는다고 하는 보통의 사고 방식으로서는 도저히 살 수가 없다.

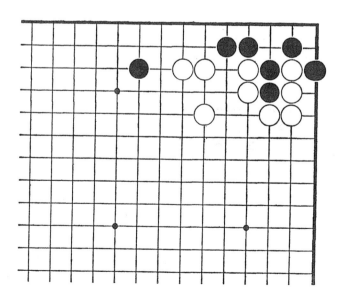

문제7 ● 해답

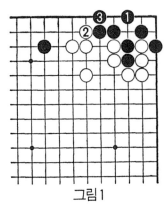

그림1

그림1(정해)

黑1을 늦추는 것이 좋은 맥으로서 黑은 이 한 수로 좌우의 2눈을 확보하는데 성공하였다.

白2라면 黑3까지이다.

초보자에게 이 黑1 등은 맹점이 되어 좀처럼 깨닫기 어렵다.

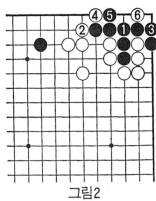

그림2

그림2(실패)

黑1로 이으면 白2에 막아 잡힌다.

黑3으로 이어도 白4의 젖히기로부터 6으로 치중하면 그만이다.

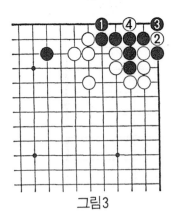

그림3

그림3(실패)

그림2의 黑3으로 1로 내려서는 것도 白2, 4로 간단하게 활로가 끊긴다.

문제8 • 黑선

〈힌트〉

무조건 살려고 한다면 이 한 수밖에 없다.

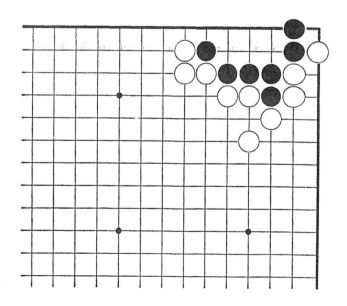

문제8 • 해답

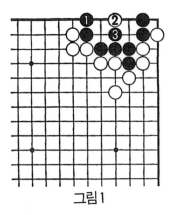

그림1

그림1(정해)

黑1로 잠자코 내려서는 것이 정해가 된다.

白2의 치중에는 黑3이 좋으며, 먼저 白3이라면 黑2로 둔다.

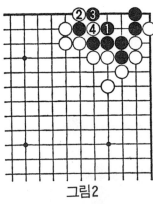

그림2

그림2(실패)

黑1은 白2로 몰아 패가 된다.

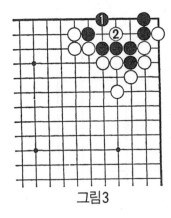

그림3

그림3(실패)

黑1로 호구치면 결국 白2의 치중으로 죽는다.

문제9 ● 黑선

〈힌트〉

이것도 사활의 기초라고 할 수 있는 문제이다. ◎을 이용하지 않으면 안 된다.

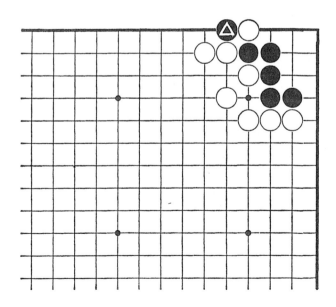

24

문제9 ● 해답

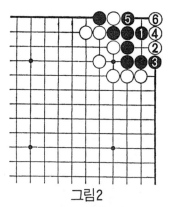

그림1

그림1(정해)

黑1로 뛰는 것이 이 경우에서 유일하게 사는 방법이다.

주의하여야 할 것은 ●의 1돌을 이용할 수 있는 방향을 그릇치면 안 된다는 것이다.

白2의 치중에는 黑3으로서 白a로 잇는 수가 없다.

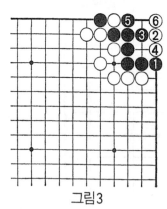

그림2

그림2(실패)

黑1의 꼬부리기도 얼핏 보면 좋을 것 같지만, 그 순간 白2의 치중으로 죽어버린다.

黑3에는 白4이하 "귀의 곡4"로 죽게 된다.

그림3

그림3(실패)

黑1의 내림수도 白2의 치중 이하 6까지 앞 그림과 똑같은 결과가 된다.

문제10 • 白선

〈힌트〉

"후절수"라고 불리는 특수한 형태의 기본도로서 유명하다.

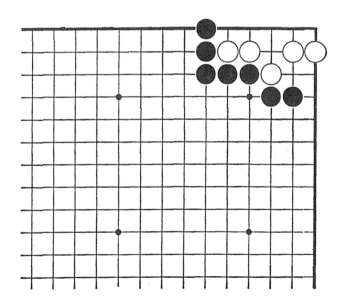

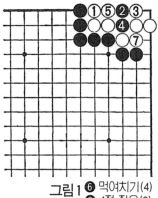

그림1 ⑥ 먹여치기(4)
⑧ 4점 잡음(2)

문제10 ● 해답

그림1(정해)

어쨌든 白1로 막아야 한다.

黑2의 치중은 당연하며, 이하 黑6의 먹여치기로 白이 안 될 것 같지만 白이 7로 잇는 기사회생(起死回生)의 수단이 남아 있는 것이다. 물론 黑8로 白4점을 잡는 한 수이지만……

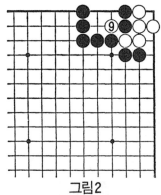

그림2

그림2(속·정해)

白은 일단 잡힌 다음, 白9로 끊는다. 이것이 바로 "후절수"라고 하는 맥이다.

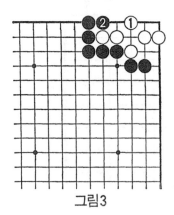

그림3

그림3(실패)

白1을 두면 黑2로서 그뿐이다.

문제11 • 黑선

〈힌트〉

a점에 공배 한 자리가 비어 있기 때문에 어떻게 해서든지 견딜 수 있다.

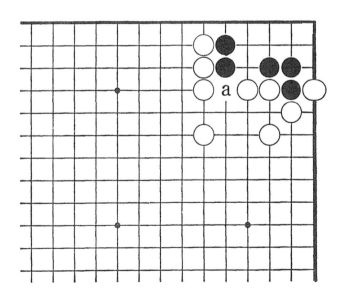

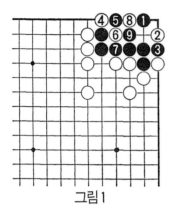

그림1

문제11 • 해답

그림1(정해)

黑1의 뛰기가 이 모양에 있어서의 사는 수단이다.

白2로 치중하고 4, 6으로 들어와도 걱정없다. 黑7, 9의 몰아따기가 있다.

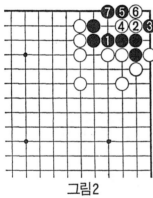

그림2

그림2(실패)

黑1의 잇기는 이 경우에서는 바람직하지 않다.

白2에 붙이면 이하 黑7까지로 어쨌든 빅으로 몰고 갈 수 있지만 이것으로는 불만이다.

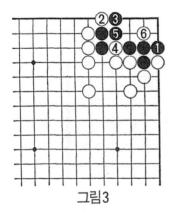

그림3

그림3(실패)

黑1로 막으면 白2, 4 다음 최후에 白6의 치중으로 잡힌다.

문제12 • 白선

〈힌트〉

어쨌든 궁도를 넓히지 않으면 안 된다.

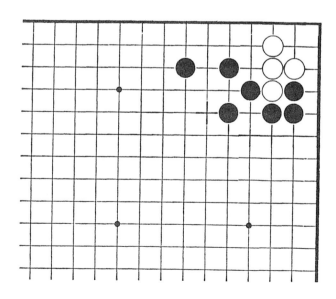

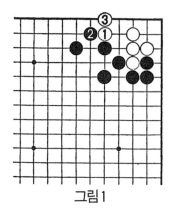

그림1

문제12 ● 해답

그림1(정해)

白1의 붙임수는 이 한 수이며 白3으로 내려가는 수는 실수하면 안 된다.

白1, 3의 수단은 궁도를 넓히고 사는 기본적인 맥에 해당한다.

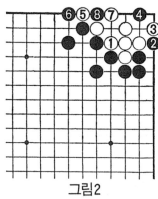

그림2

그림2(실패)

앞 그림의 白3에서 1을 두는 경우도 있을 것 같은데 黑2의 젖히기에서부터 4로 치중하여 결국 黑8까지 패 모양이 되므로 白이 불리하다.

또 黑2로서 8은, 이번에는 白7로 본패가 된다.

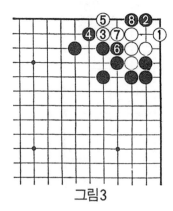

그림3

그림3(실패)

白1이면 黑2의 급소이며 치중으로 黑8까지 죽게 된다.

문제13 • 白선

〈힌트〉

매우 실전적인 문제이다. 첫 수는 간단하지만 이 다음의 변화에서 실수하지 않도록 한다.

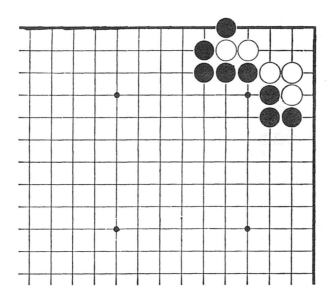

문제13 ● 해답

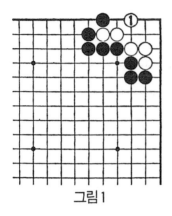

그림1

그림1(정해)

사활에 얽힌 어려움은 고하간에, 이러한 기본적인 문제를 정확하게 풀 수 있다면 대성공이다.

白1의 호구는 이 한 수뿐이지만 이 다음의 변화를 잘 파악해 둘 필요가 있다.

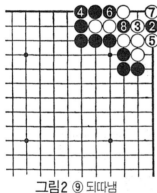

그림2 ⑨ 되따냄

그림2(속 · 정해)

黑2의 치중에서부터 4로 잇는 것이 맥이지만 白5이하 9로 살고 있다.

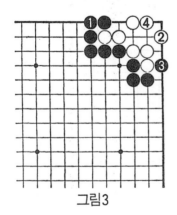

그림3

그림3(변화)

앞 그림의 黑2로서 1에 두어도 白2, 4로 응수하여 간단하게 살 수 있다.

2. 죽는 수

문제1 • 黑선

〈힌트〉

일보 전진하면 그것만으로 족하다.

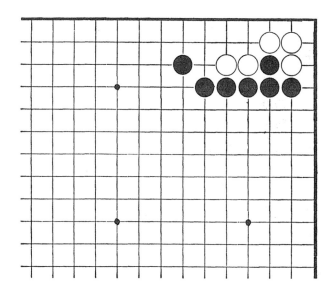

문제1 • 해답

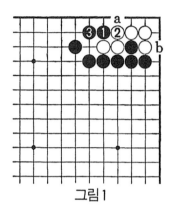

그림1

그림1(정해)

날카로운 黑1의 붙임수이며 한 수로 멋지게 白의 숨통을 끊었다.

白2에 이으면 黑3으로 끌기까지이다. 이 다음, a, b의 두 점이 맞보기로 白이 잡힌다.

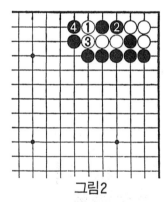

그림2

그림2(변화)

앞 그림의 白2에서 1로 젖혀 나오는 수단은 黑2로 뿌리를 끊는 수단이 있어 거기까지이다.

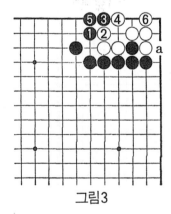

그림3

그림3(실패)

黑1의 ㅁ자에는 白2에 막아 이하 白6까지 깨끗하게 살 수 있다.

그런데 白6에서 a로 내려서 패가 되므로 요주의한다.

문제2 • 白선

〈힌트〉

"적의 급소는 나의 급소"이다.

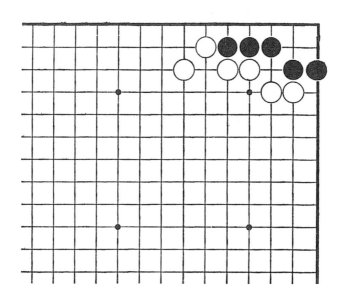

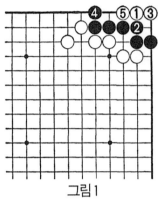

그림1

문제2 ● 해답

그림1(정해)

白1의 치중이 이 黑 모양의 급소이다.

黑2에 白3으로 뻗고 黑4로 궁도를 넓혀도 白5로 파호해 "귀의 곡4"가 되어 결국 죽는다.

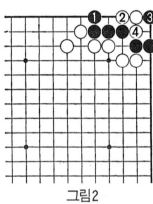

그림2

그림2(변화)

앞 그림의 黑2로서 1을 먼저 두어도 白2로 파호하고 黑3의 맥도 白4의 꼬부리기로 어쨌든 속수 무책이다.

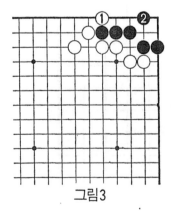

그림3

그림3(실패)

白1로 젖히는 것은 黑2의 재치있는 방어로 간단하게 살 수 있다.

문제3 • 白선

〈힌트〉

사활의 기본도이다. ▲에 주목하기 바란다.

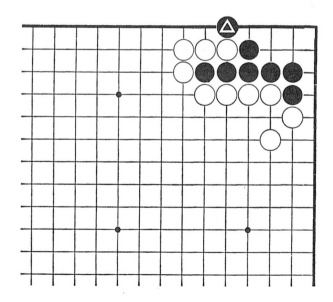

38

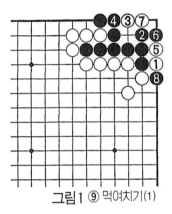

그림1 ⑨ 먹여치기(1)

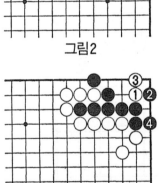

그림2

그림3

문제3 • 해답

그림1(정해)

이런 문제를 정확하게 풀 수 있다면 사활 문제에 관해서는 모두 합격할 수 있을 것이다.

白1이 소위 "죽음은 젖히기에 있다"는 격언을 실천하는 수단이다. 黑2에는 白3으로 치중하고, 이하 白9의 먹여치기까지 일련의 수순으로 멋지게 黑을 처치하게 된다.

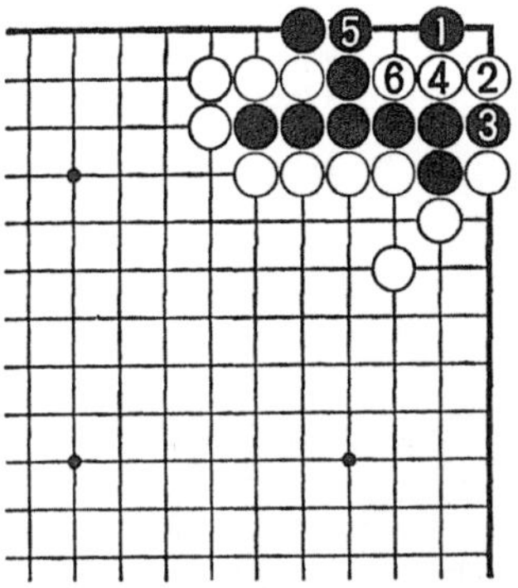

그림2(변화)

앞 그림의 黑2로서 1로 뛰는 것도 白2의 치중으로부터 4로 나와 결국 黑은 살수 없다.

그림3(실패)

白1의 붙임수이다. 여기도 급소인 것 같지만 黑2로 젖히면 3, 4가 맞보기가 되어 살 수 있다.

문제4 ● 黑선

〈힌트〉

어떻게 두건 무조건 죽어 있는 것 같은데…….

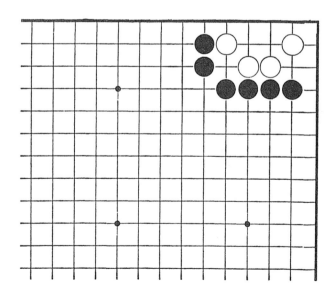

문제4 ● 해답

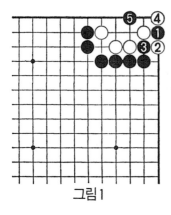

그림1

그림1(정해)

어떻게 두건 무조건 잡을 수 있을 것 같은데 黑1의 붙임수이외로는 잘 되지 않는다.

白2의 젖히기에는 黑3으로 끊고 黑5의 치중으로 잡는다.

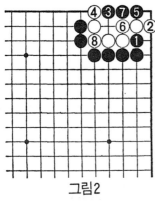

그림2

그림2(실패)

黑1이면 白2로 내려서서 결국 白8로서 빅 모양이 된다.

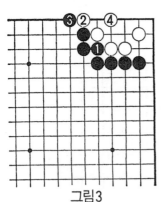

그림3

그림3(실패)

黑1은 상당한 수이지만 白2, 4의 패를 초래하게 되므로 실패이다.

또 白2를 단순하게, 4는 黑2의 내림수로 무조건 죽는다.

문제5 • 黑선

〈힌트〉

응용 범위가 넓은 맥 중의 하나이다.

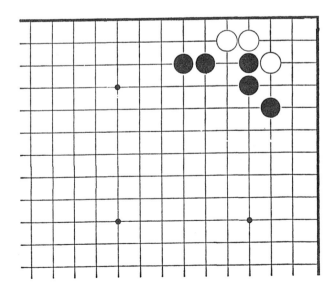

42

문제5 ● 해답

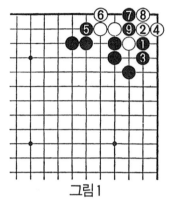

그림1

그림1(정해)

이것도 매우 실전적인 예제이다.

黑1의 붙임수에서부터 3으로 단순하게 끄는 것이 상용의 맥으로서 白4의 내림수에는 黑5로 막고 白6에 黑7로 치중하며 숨통을 끊는다.

黑1, 3의 기본적인 기법을 반드시 익혀두기 바란다.

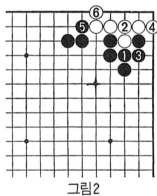

그림2

그림2(실패)

앞 그림의 黑3으로 실수하여 1로 몰면, 순간 白은 살아난다.

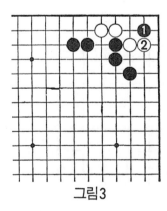

그림3

그림3(실패)

黑1의 치중은 실수이다. 白2로 속수무책이다.

문제6 • 白선

〈힌트〉

급소의 일격을 노린다.

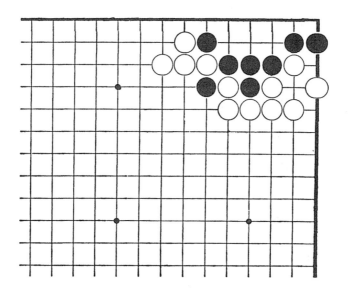

문제6 ● 해답

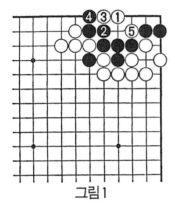

그림1

그림1(정해)

이것도 응용 범위가 매우 넓은 예제가 된다.

白1의 치중이 소위 "3점의 한가운데"에 해당하는 급소이다. 黑2의 잇기는 부득이하지만 白3의 기기에서부터 5로 끊는다.

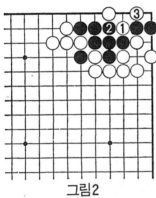

그림2

그림2(실패)

앞 그림의 白3을 1로 끊고 白3으로 패를 만드는 수단은 있지만 무조건 잡을 수 없으므로 문제가 되지 않는다.

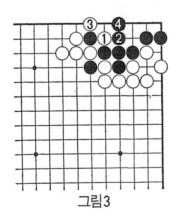

그림3

그림3(실패)

白1, 3으로 끊어 잡는 것은 너무 평범하다.

黑4의 내림수로 그뿐이다.

문제7 • 白선

〈힌트〉

기본적인 묘수 풀이이다. 정확하게 읽지 않으면 안 된다.

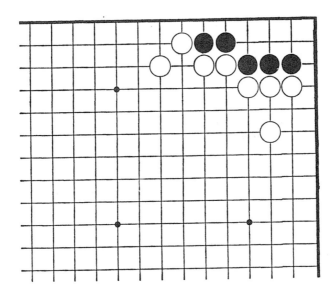

문제7 ● 해답

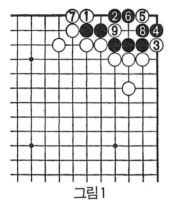

그림1

그림1(정해)

이것도 "죽음은 젖히기에 있다"고 하는 격언의 전형이다.

白1, 3의 젖히기를 활용하고 나서 白5의 치중의 한 수로 黑은 잡힌다. 黑6이라면 白7의 잇기에서부터 9의 먹여치기까지이다.

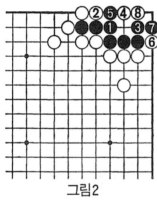

그림2

그림2(변화)

黑1에 이으면 白2로 공격하는 것이 좋고 이하 白8까지 수순으로 黑이 죽는다.

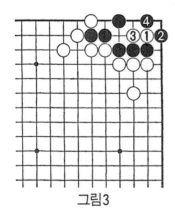

그림3

그림3(실패)

그림1의 白3으로 1로 붙이는 것은 黑2의 젖히기로 쉽게 살 수 있다.

문제8 • 黑선

⟨힌트⟩

제1착이 바로 급소 중의 급소이다.

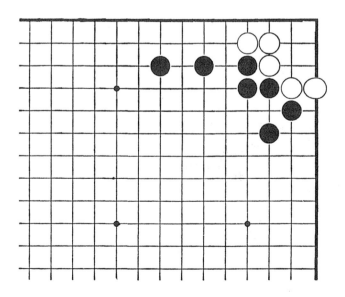

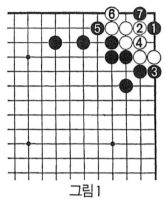

그림1

문제8 · 해답

그림1(정해)

黑1의 치중이 급소의 일착이다. 바로 급소 중의 급소라 할 수 있다.

白2에는 黑3을 활용하고 나서 5로 막는다. 白6이면 黑7에 젖혀 "귀의 곡4"가 되어 죽는다.

白2를 5에 뻗게 되면 黑4, 白2, 黑3까지이다.

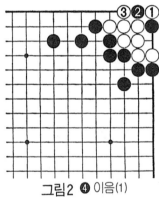

그림2 ❹ 이음(1)

그림2(변화)

앞 그림의 白6을 1로 저항하면 어떻게 되는가?

白3에는 黑4로 이어서 그만이다.

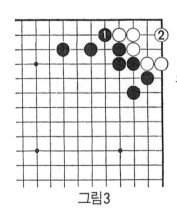

그림3

그림3(실패)

黑1로 막으면 白2로 살아서 이것은 논외이다.

3. 패 만드는 수

〈힌트〉

흔히 볼 수 있는 모양으로 이른바 패의 기본형이다.

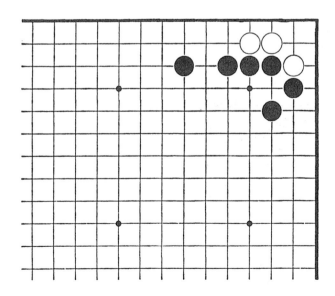

문제1 • 해답

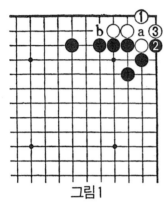

그림1

그림1(정해)

白1의 호구가 유일의 수단이다.

黑2의 단수에서는 3으로서 패로 응수해버린다.

白1을 a로 이으면 黑b로 막아 살아날 여지는 없다.

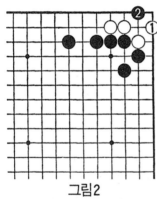

그림2

그림2(실패)

白1의 호구는 방향이 틀렸다. 黑2의 치중으로 죽는다.

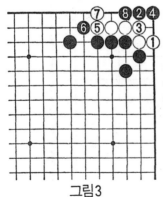

그림3

그림3(실패)

白1의 내림수로 저항해 보는 것이 어떨까?

黑2의 치중이 급소의 일발로서 이것으로 白은 살 수 없다. 白3의 잇기 이하 7로 궁도를 넓혀도 黑8에서 "귀의 곡4"로서 죽는다.

문제2 • 黑선

〈힌트〉

항상 실전에서 나오고 있는 모양이다.

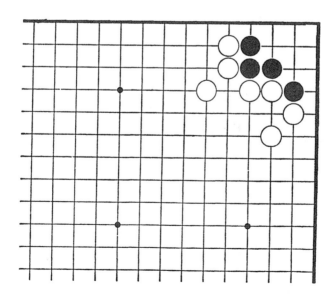

문제2 • 해답

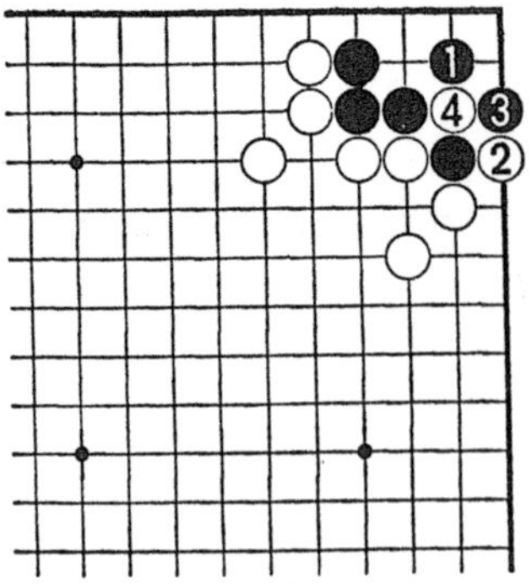

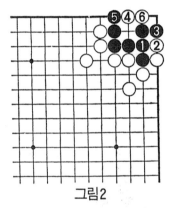

그림1

그림1(정해)

이것은 간단한 문제이다. 黑1의 호구치기로 패가 된다.

白2에는 黑3으로 막아 다음에 白4로 잡는 패이다.

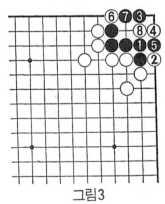

그림2

그림2(변화)

앞 그림의 黑3으로 1로 이으면 白2로 나오기에서 4로 급소에 치중하여 순식간에 잡힌다.

그림3

그림3(실패)

黑1로 잇는 것도 유리한 것 같다.

白2가 소위 "젖혀 잡는다"는 것으로서 黑3일 때 4의 치중으로 확실하게 잡힌다.

문제3 • 白선

〈힌트〉

실전에서 흔히 나오는 모양이다.

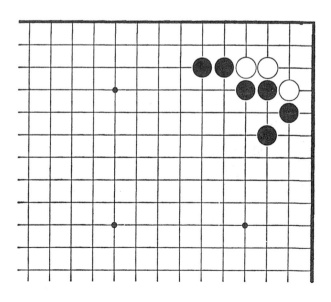

문제3 ● 해답

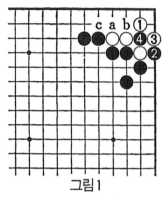

그림1

그림1(정해)

白1의 호구치기가 최선이다. 黑2는 당연하며 白3으로 막아서 결국 패싸움이 시작된다.

원칙은 패이지만 黑은 형세가 유리한 경우에는 黑a, 白b, 白3으로 살리고 두는 경우도 있다.

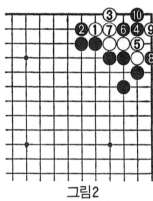

그림2

그림2(실패)

白1, 3의 호구치기도 둘만한 수이긴 하다.

黑4가 포인트로서 이하 黑10까지로 白은 죽는다. 그러나 黑4에서 5에 끊으면 白7, 黑8, 白9로 살 수 있다.

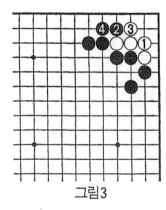

그림3

그림3(실패)

白1에 잇는 것은 黑2, 4로 젖혀 이어 그만이다.

문제4 • 白선

〈힌트〉
제1착에 모든 것이 달려 있다.

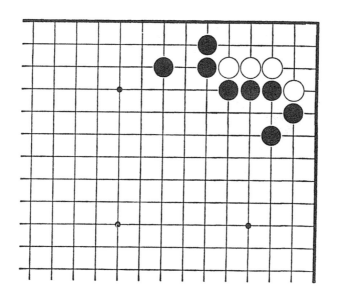

문제4 • 해답

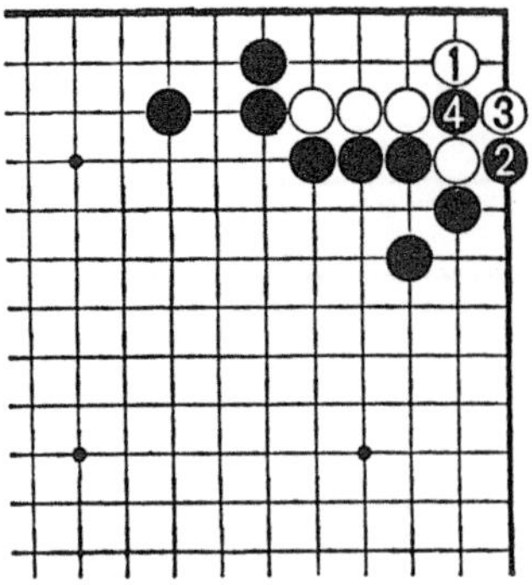

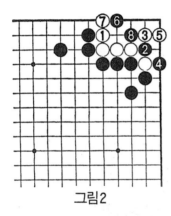

그림1

그림1(정해)

白1의 호구치기가 바로 이 한 수이다.

黑2의 단수에 대한 白3도 절대의 응수로서 黑4로 패가 된다.

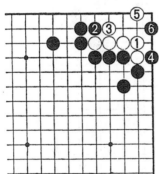

그림2

그림2(실패)

白1로 궁도를 넓히면 살 수 있는 것처럼 보인다.

이번에는 黑2, 4로 냉정하게 白1점을 잡는다.

白5로 내려설 때 黑6의 치중이 유력한 수단이다. 白7에는 黑8로 끊어 白은 공배가 메워져서 꼼짝할 수 없다.

그림3

그림3(실패)

白1에 이으면 黑2이하 6으로 간단하게 아웃된다.

문제5 • 白선

〈힌트〉

끈기있게 버틸 수 있는 수단을 찾아내기 바란다.

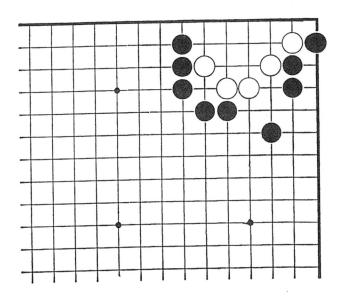

문제5 ● 해답

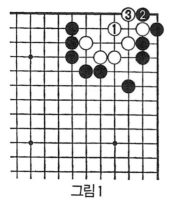

그림1

그림1(정해)

白1의 호구치기가 역시 끈기있게 버틸 수 있는 수단이다.

黑2에는 白3으로 받아 패이다. 단, 여기서 주의하지 않으면 안 될 것은 白이 한 수를 더 두어도 역시 패 모양이라는 것이다.

따라서 이 모양은 무조건 죽는 것보다는 낫지만 본패라기보다는 2단패에 가까운 모양이라고 할 수 있다.

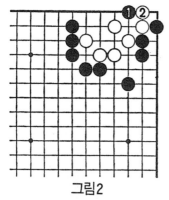

그림2

그림2(변화)

앞 그림의 黑2에서 1로 치중하면 白2로 무조건 살 수 있다.

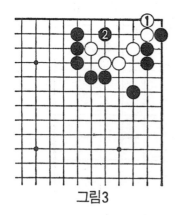

그림3

그림3(실패)

白1로 내려서면 黑2의 뛰기로 간단하게 죽어버린다.

문제6 • 白선

〈힌트〉

　얼핏 보기에는 죽어 있는 것 같지만 사실은 패로 버틸 수 있는 여지가 남아 있다.

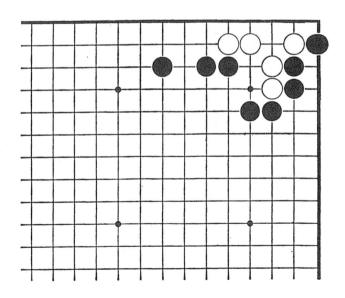

문제6 • 해답

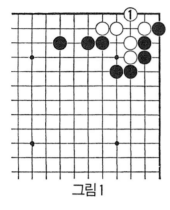

그림1

그림1(정해)

상대의 약점을 찌르고 패로 몰고가는 예제이다.

제1착의 白1이 묘수이다. 귀의 특수성을 이용하는 수단이다.

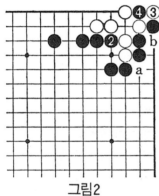

그림2

그림2(정해)

黑2는, 이 자리에 白이 두면 살 수 있기 때문에 당연한 한 수이나, 白3의 버티기로 멋지게 패가 되었다.

a의 약점 때문에 黑b로 이을수 없는 그 약점을 잡은 것이다.

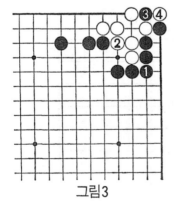

그림3

그림3(실패)

黑1로 약점을 보충하면 白4까지 일단 패는 패이지만 이것은 2단패로서 黑의 실패이다.

문제7 • 黑선

〈힌트〉

매우 협소한 곳이지만 급소는 이 한 수이다.

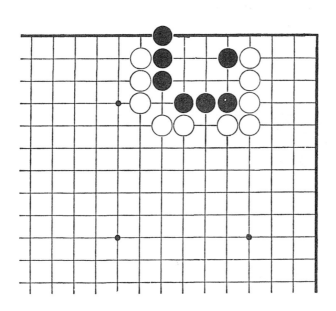

문제7 ● 해답

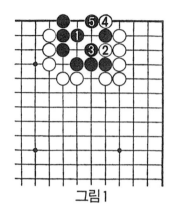

그림1

그림1(정해)

黑1이 이 黑 모양의 급소에 해당한다.

白2로 나오고 4에 단수할 때 黑5로 응수하여 패이다.

또 白2로서 4에 먼저 젖혀도 똑같은 결과가 된다.

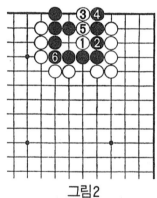

그림2

그림2(변화)

앞 그림의 白2로서 1로 치중하면 이하 黑6까지 빅이 된다.

白1을 3부터 두어도 똑같은 모양이다.

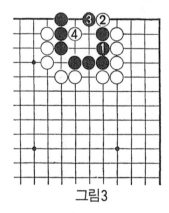

그림3

그림3(실패)

黑1로 궁도를 넓히는 것은 白2의 젖히기에서부터 4로 치중하여 5궁도화가 되어버린다.

문제8 ● 黑선

〈힌트〉

묘미가 있는 문제이다.

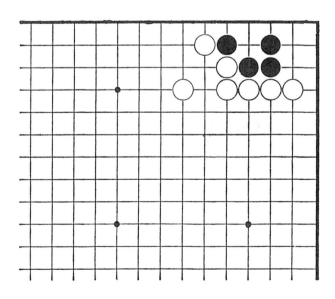

64

문제8 ● 해답

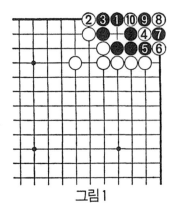

그림1

그림1(정해)

黑1로 1눈을 만드는 것이 좋은 수단이다. 白2의 내림수를 결정하고 白4에 붙여 오면 黑5로 나오고 7로 먹여치는 것이 상용의 맥이다. 白8로 잡으면 黑9로 먹여쳐 白10까지 패가 된다.

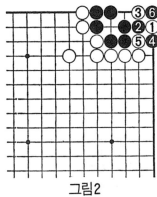

그림2

그림2(변화)

앞 그림의 白4로서 1에 두어도 패는 패이지만……. 黑6까지가 된 결과를 앞 그림과 비교하면 패를 잡을 차례가 틀리므로 앞 그림의 白4가 좋다는 것은 분명하다.

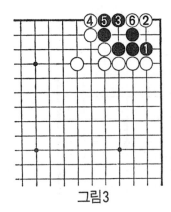

그림3

그림3(실패)

黑1로 궁도를 넓히면 白2의 치중으로 괴로워진다. 黑3이라면 白4로 죽는다.

문제9 • 白선

〈힌트〉

실전에서 이따금 나타나는 모양인데 뜻밖에 착각하는 사람이 많이 있다.

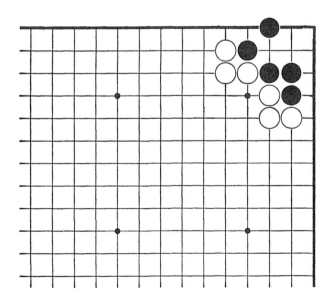

문제9 ● 해답

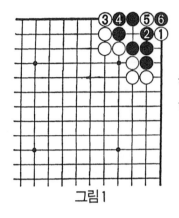

그림1

그림1(정해)

白1이 치중이 소위 "2에 一의 맥"에 해당한다. 黑2는 당연하지만 白3을 활용하고 5, 黑6으로 잡아 패이다.

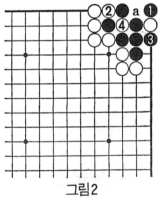

그림2

그림2(변화)

앞 그림의 黑4로서 1에 두어도 白2에서부터 4로 잡아 역시 패가 된다. 또 白2로서 a로 따내면 黑3, 白2, 黑1, 白4까지 같은 모양이 된다.

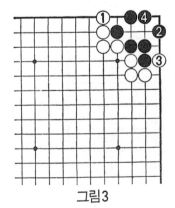

그림3

그림3(실패)

白1의 내림수에는 黑2의 口자가 맥으로서 이하 黑4로 살 수 있다.

문제10 • 黑선

〈힌트〉

"알고보니 별 것 아니구나! 호구를 치니까 살았구나"라고 하는 분
은 낙제생이다.

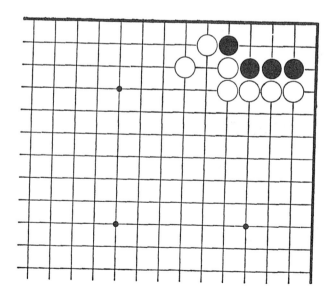

문제10 ● 해답

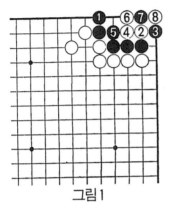

그림1

그림1(정해1)

우선 黑1의 내림수로서 이것이 중요한 수단이다. 白2의 붙임수 이하 黑5일 때 白6의 꼬부리기가 좋은 수단으로서 결국 白8까지 패가 된다.

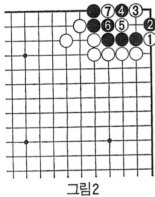

그림2

그림2(정해2)

앞 그림의 白2로는 1의 젖히기에서부터 3으로 치중하는 맥도 있다. 이에 대한 黑4의 붙임수도 맥이다. 白5의 단수에는 黑6으로서 패로 버틴다.

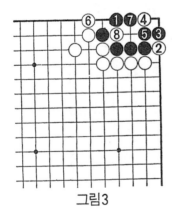

그림3

그림3(실패)

黑1의 호구는 순식간에 큰 사건이 벌어진다. 즉, 白2, 4, 6, 8로 예의 "날카로운 맥"의 공격으로 결국 잡히게 된다.

문제11 • 黑선

〈힌트〉

단순한 젖히기로는 뜻대로 되지 않는다.

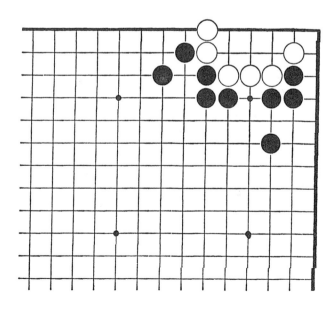

문제11 • 해답

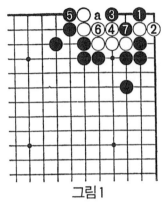

그림1

그림1(정해)

黑1의 끼워붙이기가 유일한 맥이다.

白2로 내려가면 黑3으로 뛰고 黑5, 白6을 교환하고 나서 7로, 패로 몰고 간다.

黑3으로 단순하게 7로 끊으면 白4, 黑3, 白a로 무조건 살 수 있다.

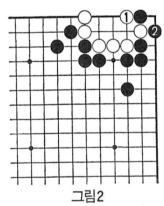

그림2

그림2(변화)

앞 그림의 白2에서 1로 두면 黑2로서 역시 패가 된다.

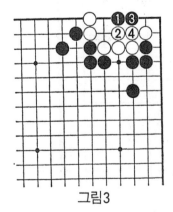

그림3

그림3(실패)

黑1의 치중도 얼핏 보면 급소인 것 같지만 실제로는 그렇지 않다.

白2, 4로 간단하게 살 수 있다.

문제12 • 白선

〈힌트〉

얼핏 보면 속수 무책일 것 같지만 실은 버티는 수가 남아 있다.

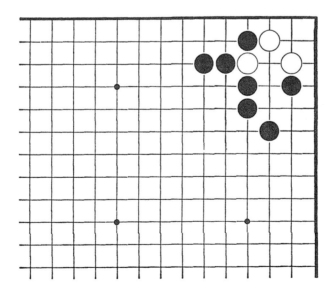

문제12 • 해답

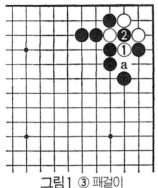

그림1 ③ 패걸이
❹ 응수 ⑤ 패잡음

그림1(정해)

白1이면 순식간에 수단이 생긴다.

黑2로 즉시 잡고 패가 시작된다.

계속해서 白5로 패를 되잡았을 때의 다음을 생각해 보자.

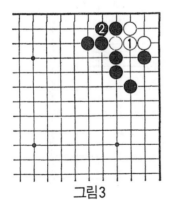

그림2

그림2(속·정해)

黑6으로 끌고 白7, 黑8의 진행을 생각할 수 있다.

그림1의 黑2로서 잘못 실수하여 a에 두면 白2로 잇고 살 수 있다.

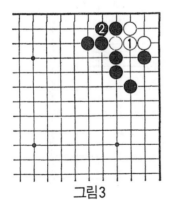

그림3

그림3(실패)

白1의 잇기는 너무나도 단순하다. 黑2로 이으면 이미 어떻게 할 수 없다.

문제13 • 白선

⟨힌트⟩

黑이 ⚫에 붙인 국면이다. 귀의 특수성을 이용하여 패로 살려고 하는 노림수이다.

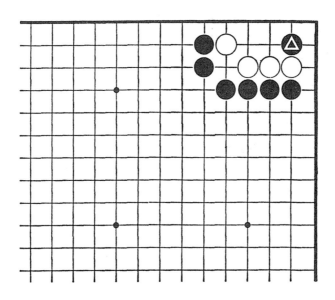

문제13 • 해답

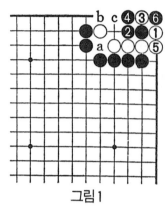

그림1

그림1(정해)

白1의 젖힘수는 당연한 수단이며, 黑2에 白3도 역시 당연하다.

黑4, 6까지 패가 된다.

또 a곳에 白돌이 있는 경우에는 白5를 b로 내려서서 "만년패"이다.

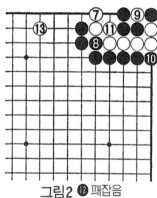

그림2 ⑫ 패잡음

그림2(속·정해)

白7이하 8의 진행을 생각할 수 있다.

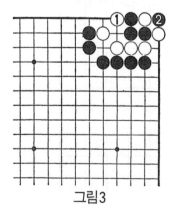

그림3

그림3(변화)

그림1의 白5에서 1이면 본패이지만 白에 팻감이 없는 경우에는 즉시 잡힐 가능성이 있다.

또한, 그림1의 白3을 4로 붙이면 黑3, 白c, 黑a로서 즉시 죽는다.

4. 공격 수

문제1 • 白선

〈힌트〉

매우 실전적인 문제이다.

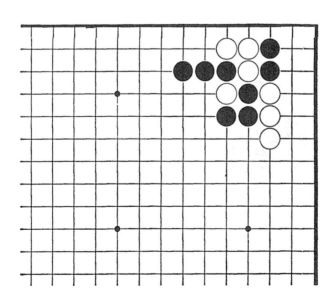

문제1 ● 해답

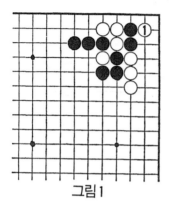

그림1

그림1(정해)

白1의 배붙이기가 필요하다.

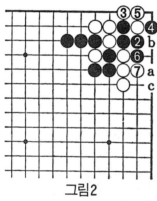

그림2

그림2(속 · 정해)

黑2라면 白3으로 건너간다. 이것으로 확실하게 결정되었다고 하는 느낌이다.

黑4에서부터 6으로 몸부림쳐도 이미 어떻게 할 수 없다. 이 다음에 黑a의 저항에는 먹여치기가 긴요하고, 白c이면 黑b로서 패이다.

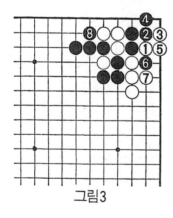

그림3

그림3(실패)

白1, 3의 2단 젖히기에는 黑4가 침착한 응수이며 이하 黑8까지 黑이 승리한다.

문제2 • 白선

〈힌트〉

4수와 3수로 白이 패할 것 같다.

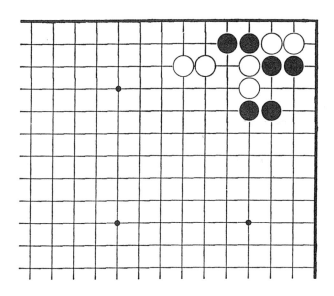

문제2 ● 해답

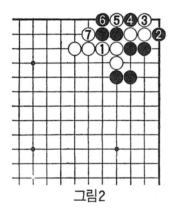

그림1

그림1(정해)

白1로 내려선다. 이 자리가 쌍방 간의 필쟁점이다. 수수는 똑같이 4수로 보이지만 실제로는 4수와 5수로서 결국 白이 승리한다.

黑2에는 白3, 7을 활용하여 수수를 늘려 白9로 한 수를 이긴다.

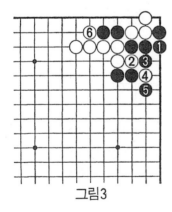

그림2

그림2(실패)

白1로 단순하게 공배를 메우면 黑2로 급소에 젖히고 白3의 꼬부리기 이하 白7로 패가 되는데 쉽게 잡을 수 있으므로 정해라고는 할 수 없다.

그림3

그림3(변화)

앞 그림의 黑4로서 1에 이으면 白2, 4를 활용하고 6까지이다.

문제3 • 白선

〈힌트〉

패밖에 없다고 속단하는 것은 금물이다.

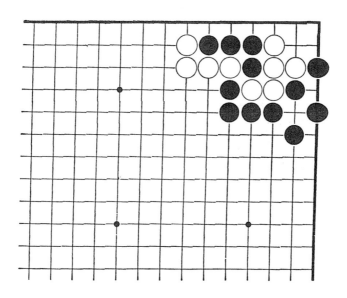

문제3 • 해답

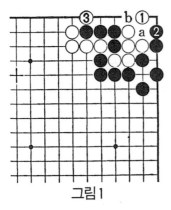

그림1

그림1(정해)

白1의 口자가 좋은 수단이다. 黑2에는 白3으로 젖히고 이긴다. 즉, 이 다음에 黑a를 두어도 白b의 잇기로 黑은 어느 쪽에서도 단수할 수 없다.

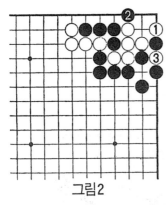

그림2

그림2(실패)

白1로 막는 것은 무리이다. 黑2로 젖히면 白3까지 패는 피할 수 없다.

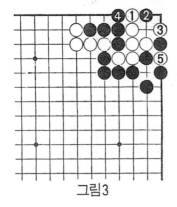

그림3

그림3(실패)

白1의 내림수는 역시 실패이다. 黑2의 붙임수가 맥으로서 白5까지 패가 된다.

문제4 • 黑선

〈힌트〉

黑에는 절묘한 버티기가 남아 있다.

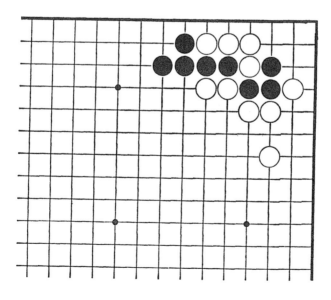

문제4 • 해답

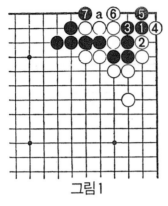

그림1

그림1(정해)

재미있는 문제이다. 黑1의 ㅁ자가 묘수로서 이것만으로도 이기고 있다. 白2, 4를 해도 黑5까지 상관없다.

黑1은 "묘수"라고 할 수 있는 것으로서 흔히 잡힌다고 속단하기 쉽다.

그러나 白6으로 a라면 일단 늘어진 패가 되는데 黑은 손을 빼도 상관없다. 白이 다시 한 수를 두면 겨우 본패이다.

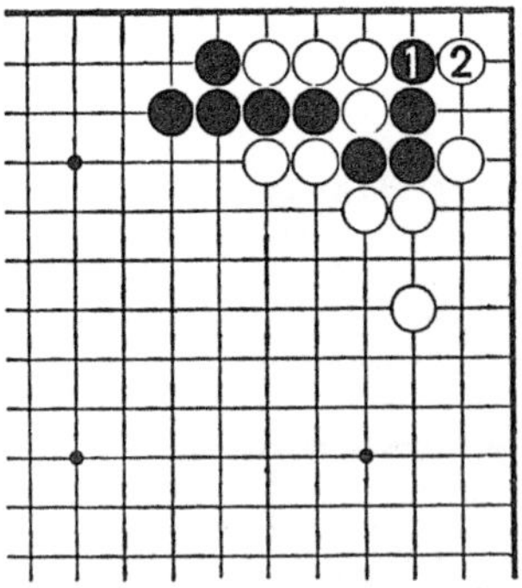

그림2

그림2(실패)

黑1의 누름수이다. 이것도 물론 말도되지 않는다. 白2로 기면 그뿐이다.

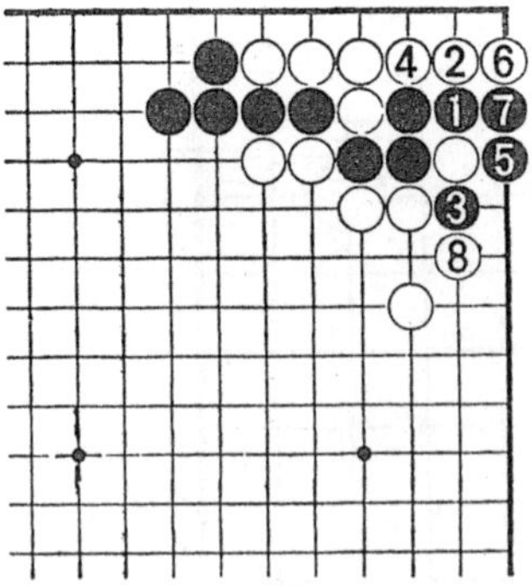

그림3

그림3(실패)

黑1의 꼬부리기에는 白2가 있어 8까지黑의 허무한 발버둥이다.

문제5 • 黑선

〈힌트〉

수상전에 있어서의 기본적인 맥 중의 하나이다.

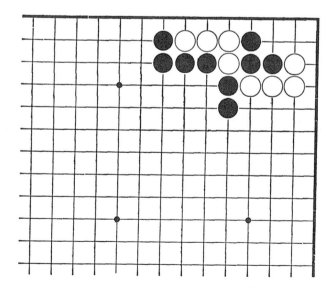

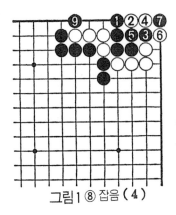

그림1 ⑧ 잡음 (4)

문제5 ● 해답

그림1(정해)

黑1의 내림수로 이긴다.

白2의 붙임수는 최강의 반발이나 黑3
으로 젖혀 무사하다. 白4이하 黑9까지 수
싸움에서 이긴다.

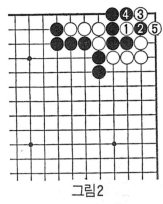

그림2

그림2(변화)

앞 그림의 白2로는 1로 두는 것이 맥
이다.

黑이 패에 승산이 있다면 黑4로 버티
는 것도 가능하다.

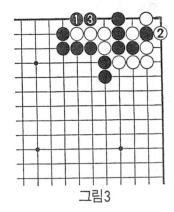

그림3

그림3(변화)

패가 무리라고 생각되면 앞 그림의 黑
4로서 1에서부터 3까지 무조건 잡을 수
있다.

이 그림이 서로 간의 최선의 수순이다.

문제6 • 黑선

〈힌트〉

이 모양에 익숙해지면 반드시 실전에서 도움이 된다.

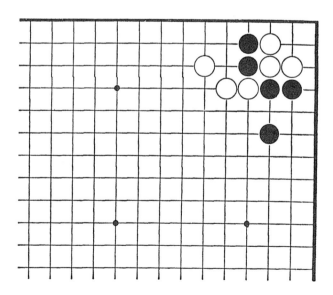

문제6 • 해답

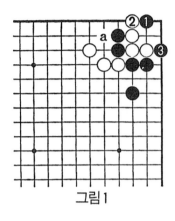

그림1

그림1(정해)

黑1의 치중은 실전에서 흔히 나타나고 있는 모양이다. 白2라면 黑3으로 젖혀 白의 수수는 2수 이상 늘지 않는다.

또 白2로서 a에 두면 黑2로 연결한다.

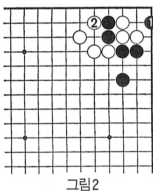

그림2

그림2(실패)

黑1은 치중은 치중이지만 이 경우에는 맥이 아니다. 이번에는 白2로 黑이 수부족이다.

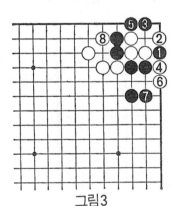

그림3

그림3(실패)

黑1로 젖히고 나서 3으로 치중하는 것은 어떨까? 白4이하 8까지 黑은 수싸움에서 패한다.

문제7 • 黑선

〈힌트〉

이미 배운 기본 맥의 응용이다.

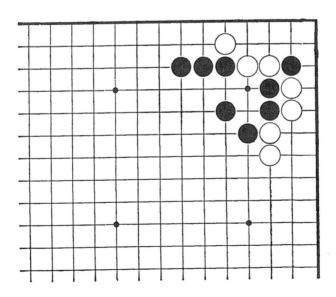

문제7 • 해답

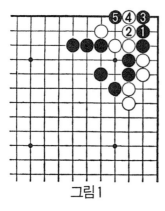

그림1

그림1(정해)

어쨌든 黑1에 두고 白2에는 黑3으로 내려간다. 계속해서 白4이면 黑5의 붙임 수가 급소이다.

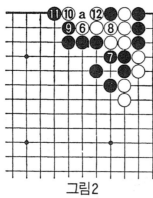

그림2

그림2(속·정해)

白6에서부터 10으로 젖히고 끝까지 저항하면 일단 늘어진 패의 모양(다음에 黑9)이지만 白이 잡힌다고 해도 과언이 아니다.

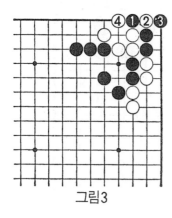

그림3

그림3(실패)

黑1로 젖히면 즉시 白2로 먹여치고 4에 막아 본패가 되므로 黑이 실패이다.

문제8 • 黑선

〈힌트〉

앞 문제와 똑같은 맥이다.

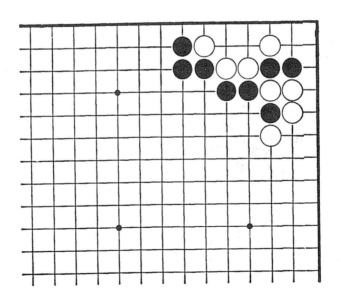

문제8 ● 해답

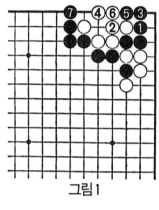

그림1

그림1(정해)

黑1의 꼬부리기이다. 이것은 누가 두어도 이 한 수이지만 다음의 黑3이 급소가 된다.

白4에는 黑5를 결정하고 나서 7로 내려가 黑승이다.

또 白4로서 5에 막으면 黑4의 치중이 있다.

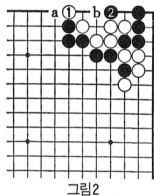

그림2

그림2(참고)

그림1의 白4로서 1로 젖히면 黑2가 맥에 해당한다. 黑2로 a에 막으면 白b로 늘어진 패로 버틴다.

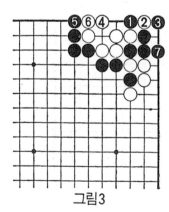

그림3

그림3(실패)

黑1은 무모한 젖히기이다. 즉시 白2의 먹여치기로부터 4로 눈을 만들어 이하 黑7까지 빅이 된다.

문제9 • 白선

〈힌트〉

黑의 공배를 메우는 수단이다.

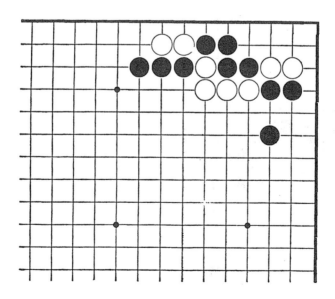

문제9 ● 해답

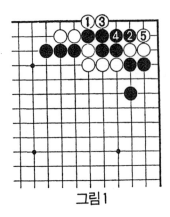

그림1

그림1(정해)

白1의 젖히기가 이 모양에 있어서의 포인트이다.

黑2로 젖혀오면 白3을 활용하고 5로 막아 그만이다.

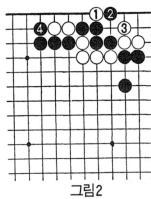

그림2

그림2(실패)

잘못 실수하여 白1로 붙이면 黑2에 젖혀 白에는 후속 수단이 없다.

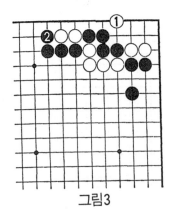

그림3

그림3(실패)

白1의 치중도 문제가 되지 않는다. 黑2로 두면 그뿐이다.

제2장
응용편

1. 사는 수

문제1 • 黑선

〈힌트〉

여러 가지 수가 있지만 급소는 딱 한 자리뿐이다.

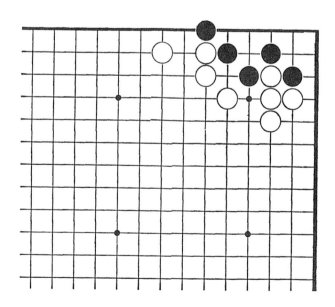

문제1 ● 해답

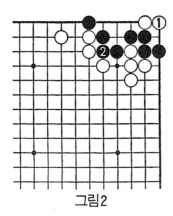

그림1

그림1(정해)

黑1로 단순하게 내려서는 것이 이 모양에서의 중요한 자리가 된다.

白2의 치중은 일단 급소이지만 黑3이 침착한 수단으로서 白4로 이쪽을 파괴하려고 하면 黑5에서부터 7까지 멋지게 살 수 있다.

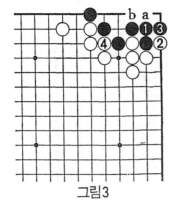

그림2

그림2(변화)

앞 그림의 白4로서 귀로 뻗으면 黑2를 두어 눈 모양에 걱정은 없다.

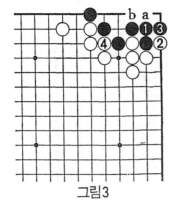

그림3

그림3(실패)

黑1로 이으면 白2의 젖히기를 선수하고 나서 4를 두어 바로 죽는다.

또 黑1을 3으로 호구치면 白a, 黑b, 白4까지이다. 黑1로서 a라면 白2로 패가 된다.

문제2 • 黑선

〈힌트〉
여기에서는 한 가지 비약적인 수단을 발견하였으면 한다.

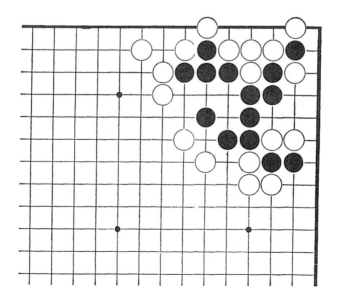

문제2 • 해답

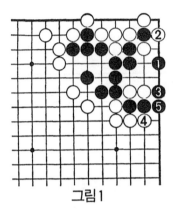

그림1

그림1(정해)

黑1의 뛰기가 절묘한 수로서 유일한 맥이다.

白2로 잡게 되면 물론 黑3의 건너가기가 노림수로서 白2점을 잡고 편안하게 살 수 있다.

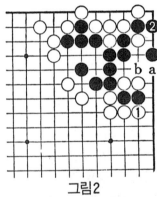

그림2

그림2(변화)

앞 그림의 수순 중, 白2로서 1로 이쪽에 대비하면 黑2로 살 수 있다. 또한 白1을 a하면 黑b로 단수한다.

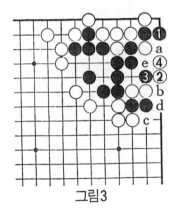

그림3

그림3(실패)

黑1의 내림수에는 白2, 4가 좋은 수단으로서 黑은 잡힌다. 도중에 白2로서 a는 이하 黑b, 白c, 黑d, 白2, 黑4, 白c, 黑3의 수순으로 黑이 살 수 있다.

또한, 黑1에서 b는 白2로 막는다.

문제3 • 黑선

〈힌트〉

지금 白이 △로 젖힌 국면이다. 무턱대고 받으면 순식간에 사건이
벌어진다.

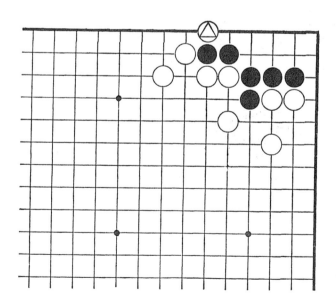

문제3 • 해답

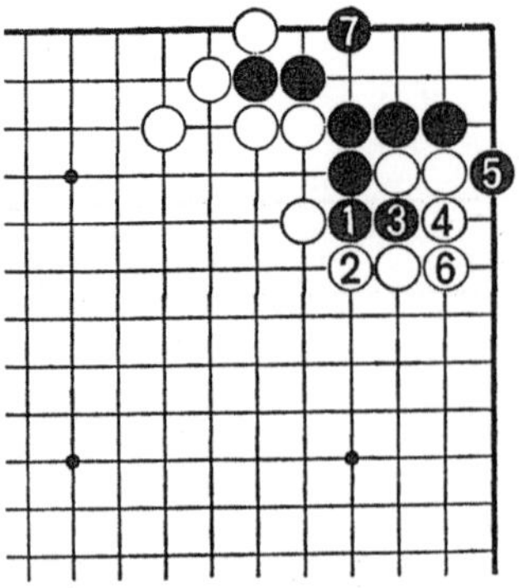

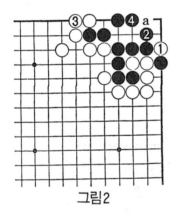

그림1

그림1(정해)

黑1, 3으로 나오고 난 다음에 黑5의 젖히기를 선수로 활용하는 것이 중요한 수순이 된다.

黑7로 호구를 치게 되면 이것으로 살 수 있다.

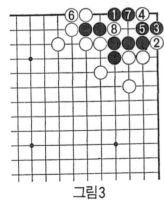

그림2

그림2(속·정해)

白1의 먹여치기가 혼동하기 쉬운 수이지만 黑2의 수단이 호착이다.

白3이라면 黑4로 산다.

또 白1로서 a로 치중하면 역시 黑2로서 무사하고 계속해서 白1이라면 黑4까지이다.

그림3(실패)

단순히 黑1로 호구치면 白3의 젖히기로 살아날 수 없다.

黑3일 때 白4의 치중이 급소의 일격으로서 이하 白8까지 黑이 죽는다.

그림3

문제4 • 黑선

〈힌트〉

까다로운 문제이지만 포기하지 말고 차분히 생각해 보기 바란다.

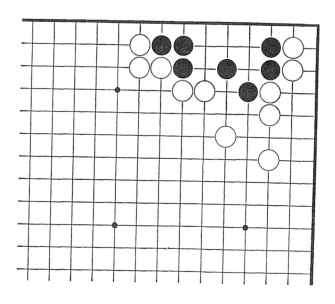

문제4 ● 해답

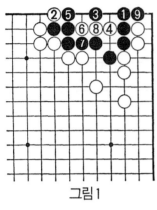

그림1

그림1(정해)

黑1의 내림수가 유일하게 사는 수단이 된다.

白2, 4로 눈 모양을 빼앗으려고 해도 黑5로 누르면 결국 빅으로 살 수 있다.

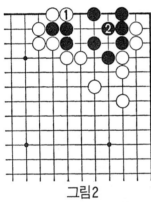

그림2

그림2(변화)

앞 그림의 白4로서 1로 밀면 黑2의 응수로 그뿐이다.

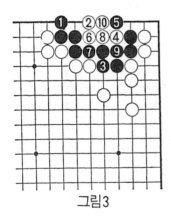

그림3

그림3(실패)

黑1의 내림수는 착각이다. 이것으로는 살 수 없다.

白2로 급소에 치중하고 黑3으로 버텨도 白4이하 10까지 5궁도화로 끝장이다.

문제5 • 黑선

〈힌트〉

패를 만든다면 간단하지만 빅이 정해이다.

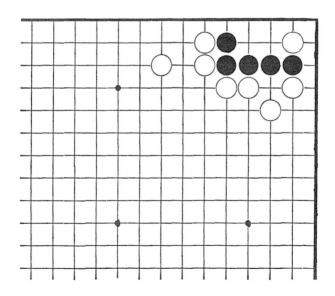

문제5 • 해답

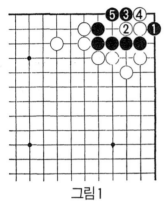

그림1

그림1(정해)

우선 黑1의 젖히기이다. 이것은 절대인데 계속해서 白2에 黑3으로 붙이는 것이 맥이다.

白4라면 黑5로 늘어서 결국 빅으로 살게 된다.

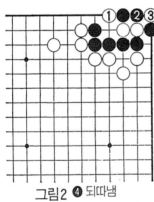

그림2 ❹ 되따냄

그림2(변화)

앞 그림 白4로서 1이면 黑2로 키우는 것이 이 경우에서는 매우 교묘한 맥에 해당한다.

白3에 黑4로 되잡아 죽지 않는다.

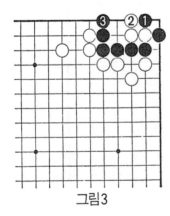

그림3

그림3(실패)

그림1의 黑3으로 1로 젖히면 白2, 黑3까지 이것은 "만년패"(빅에 가까운 패)의 모양이다.

문제6 • 黑선

〈힌트〉

원본에 "으뜸의 묘수"라고 소개하고 있다.

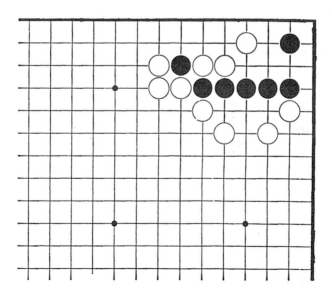

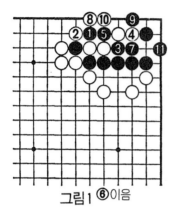

그림1 ⑥이음

문제6 • 해답

그림1(정해)

黑1의 젖히기가 참으로 날카로운 맥이 되어버린다.

白2로 잡으면 黑3으로 찝고 黑2점을 사석으로 하여 黑11까지 교묘하게 살 수 있다.

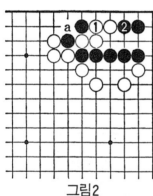

그림2

그림2(변화)

앞 그림의 白2로 1로 버티면 黑2로 부딪친다.

다음은 黑이 어떻게 두건 黑a의 잇는 수가 남아, 잡는다는 것은 불가능하다.

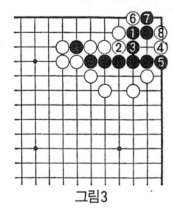

그림3

그림3(실패)

黑1에 두는 것이 보통의 발상이지만 白2로 급소에 두면 결국 白8까지 잡히게 된다.

문제7 • 白선

〈힌트〉

준비 공작을 게을리하면 간단하게 죽어버린다.

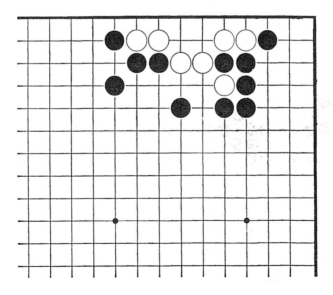

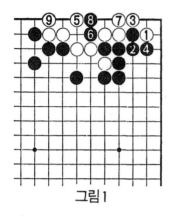

그림1

문제7 • 해답

그림1(정해)

白1로 끼워 붙이는 것이 귀의 특수성을 이용한 교묘한 맥이다.

黑2로 이으면 白3을 활용하고 5의 호구치기이다. 이어서 黑6의 끊기에 白7로 잇는 것이 좋은 수단으로서 黑8, 白9가 맞보기여서 살 수 있다.

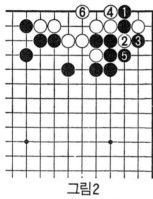

그림2

그림2(변화)

앞 그림의 黑2로서 1에 두면 白2, 4를 활용하고 6으로 호구를 쳐 살 수 있다.

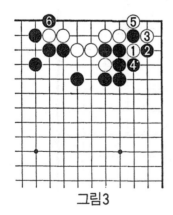

그림3

그림3(실패)

白1의 끊기도 유력한 수단이지만 黑2, 4로 잡고, 6으로 젖히게 되어 결국 패가 된다.

문제8 • 黑선

〈힌트〉

좌우가 같은 모양인데 포인트는 과연 어디인지?

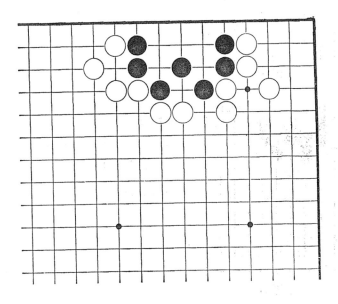

문제8 ● 해답

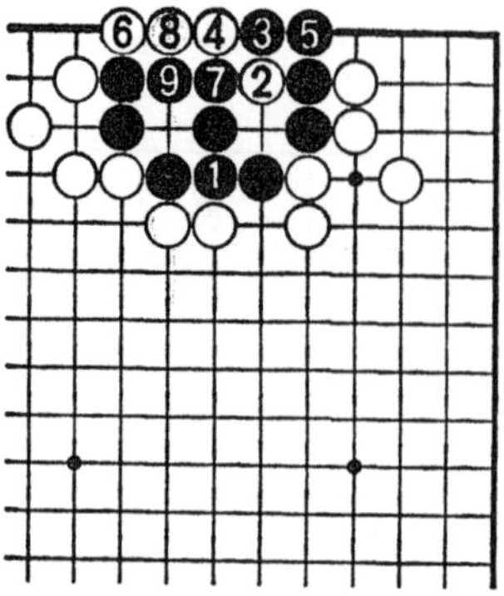

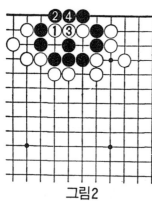

그림1

그림1(정해)

黑1로 잇는 것이 긴요한 일착이다.

白2에 붙여오면 黑3으로 젖혀 응수하면 되고, 白4이하 黑9까지 2눈을 확보할 수 있다.

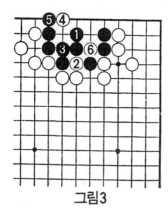

그림2

그림2(변화)

앞 그림의 白4를 1로 붙이면 黑2에서부터 4까지가 필연으로서 결과는 빅이 된다.

그림3

그림3(실패)

좌우 같은 모양이라고 하지만 黑1을 두면 白2의 급소를 역으로 당해 이하 白6까지 잡힌다.

문제9 • 白선

〈힌트〉

수단은 여러 가지 있지만 얼핏 찾지 못할지도 모른다.

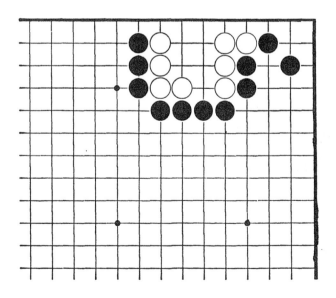

문제9 ● 해답

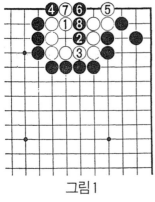

그림1

그림1 (정해)

白1의 꼬부리기이다. 어쩐지 기묘한 수단인 것 같지만 실은 이것밖에 살아날 수단은 없다.

黑2는 당연하며 白3도 절대적이다. 이어서 黑4로 젖혔을 때 白5의 내림수가 중요하고 결국 黑8까지의 빅이 피차 최선이다.

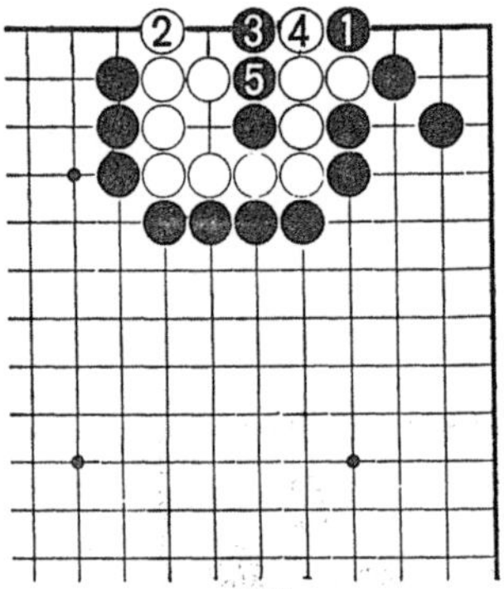

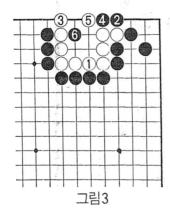

그림2

그림2 (변화)

앞 그림의 黑4로서 1로 이쪽에서 젖히면 白2의 내림수가 맞보기가 되어 이하 黑5까지 역시 빅이다.

그림3 (실패)

白1에 두면 黑2로 젖혀 순식간에 죽는 모양이 된다.

黑6의 치중으로 그뿐이다.

그림3

문제10 • 白선

〈힌트〉

제1착은 알고 있겠지만 다음의 변화를 끝까지 읽어 보아야 한다.

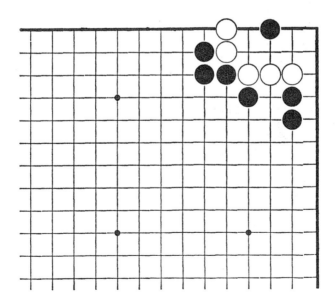

문제10 • 해답

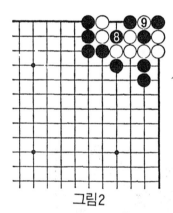

그림1

그림1(정해)

白1로 "2의 一"에 붙이는 것은 맥이지만 이 다음의 변화를 정확하게 읽어 둘 필요가 있다.

黑2일 때 白3으로 끊고 5로 내려가는 것이 수순으로서 黑6에는 관계없이 白7로 바깥쪽에서부터 단수한다.

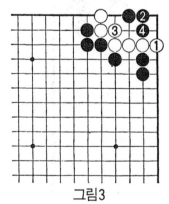

그림2

그림2(속 · 정해)

黑8로 白2점은 잡을 수 있지만 白9로 살 수 있다면 목적 달성을 한 것이 된다.

그림3(실패)

白1의 내림수는 이 경우에는 잘못이다. 黑2에서부터 4까지 "5궁도화"로 죽는다. 그런데 黑2로서 3이라면 白2로 살 아난다.

그림3

문제11 · 白선

〈힌트〉

한 수로 해결되며 원본에 실려 있는 그대로이다.

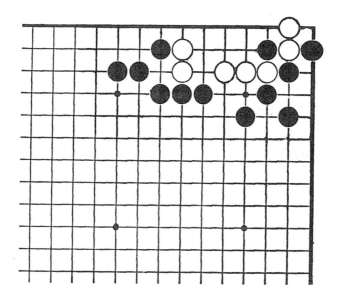

문제11 ● 해답

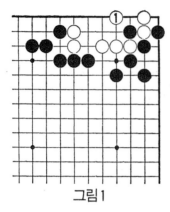

그림1

그림1(정해)

白1의 뛰기가 유일한 맥인데 보통의 착상으로는 찾기 어렵다.

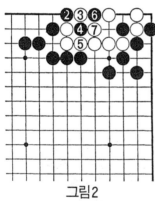

그림2

그림2(속 · 정해)

黑2의 젖히기에서부터 4로 끊는 것이 黑으로서는 최대한의 저항이지만 白5, 7로 연단수의 수단이 생겨 멋지게 산다.

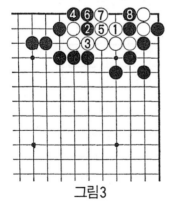

그림3

그림3(실패)

대부분은 白1의 단수로 살았다고 속단하기 쉽다.

이번에는 黑2의 붙임수에서부터 4로 건너가고 白7의 단수일 때 黑8로 나오는 멋진 수단이 있어 白이 잡힌다. 여기에 덧붙여, 黑2를 4에 젖히면 白2로 살 수 있게 된다.

문제12 • 黑선

〈힌트〉

黑a 또는 b는 간단하게 낙제이다.

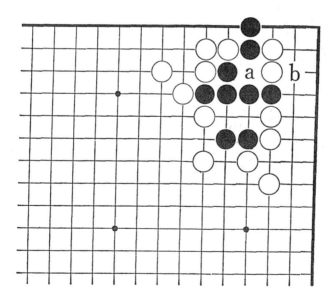

문제12 • 해답

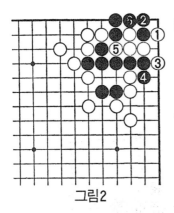

그림1

그림1(정해)

黑1의 붙임수가 좋은 수단으로서 이것으로 黑이 버틸 수 있다.

白2의 꼬부리기에는 黑3으로 막아 끝까지 공배를 메꾸어 나간다. 白6까지 버둥거려도 결국 자충이 되어 白a는 둘 수 없고 모조리 잡히게 된다.

또 黑1로 2에 젖히면 이하 白1, 黑5, 白3, 黑4, 白7의 잇기로 무조건 죽는다.

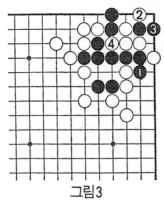

그림2

그림2(변화)

그림1의 白4로서 1에 단수하면 黑2이하 냉정하게 응수하여 6까지 한다.

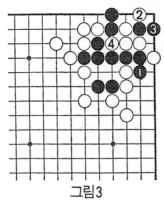

그림3

그림3(실패)

그림1의 黑5를 실수하여 1로 꼬부리면 白2의 단수로부터 4로 끊겨 黑이 잡힌다.

문제13 • 白선

〈힌트〉

평범한 수로는 잡을 수 없다. 귀의 묘수의 한 가지 예이다.

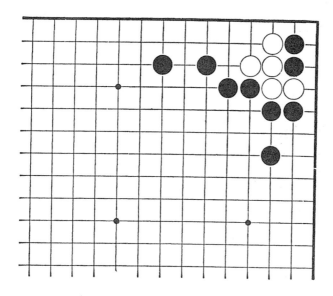

문제13 ● 해답

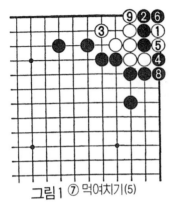

그림1 ⑦ 먹여치기(5)

그림1(정해)

白1의 붙임수가 소위 "2의 一"의 맥에 해당한다.

黑2로 뻗었을 때, 白3의 口자가 침착한 수단으로서, 黑4로 넘으면 白5로 끊고 다음은 白9까지 외길로 산다.

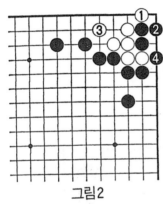

그림2

그림2(실패)

白1에 젖히면 黑2의 꼬부리는 묘수가 준비되어 있다.

白3, 黑4가 맞보기로서 白에는 다음 수단이 없다.

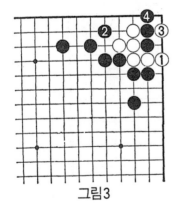

그림3

그림3(실패)

白1의 내림수는 黑2의 口자로 그것뿐이다.

2. 죽는 수

문제1 • 白선

〈힌트〉

여러 가지 수단이 있을 것 같지만 이 국면에서는 이 한 수이다.

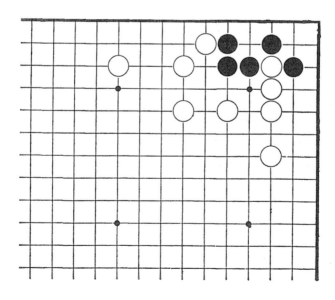

122

문제1 • 해답

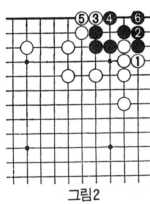

그림1

그림1(정해)

白1의 치중이 급소이다. 黑2로 이을 수밖에 없는데 여기서 白3, 5로 단순하게 젖혀 잇는 것이 호착이다.

黑6, 8로 필사적으로 궁도를 넓혀도 白9까지 "귀의 곡4"로 죽는다.

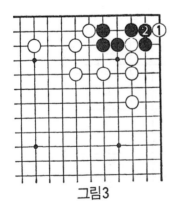

그림2

그림2(실패)

白1의 막는 수를 먼저 결정하는 것은 수순이 좋지 않아서 黑2로 이으면 후속 수단이 없다.

白3, 5로 젖히고 이어도 黑6으로 냉정하게 응수하여 별 소득이 없다.

그림3

그림3(실패)

같은 치중이라고 하더라도 이쪽으로 치중을 하면 黑2로서 수단이 없다. 여기가 생사의 미묘한 갈림길이다.

문제2 • 黑선

〈힌트〉

白의 자충을 이용하는 좋은 수단이 있다.

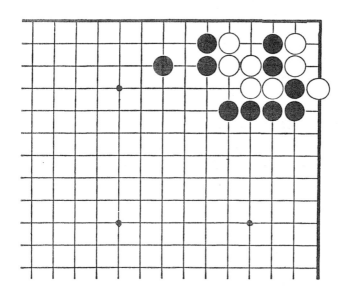

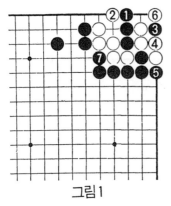

그림1

문제2 • 해답

그림1(정해)

黑1의 내림수가 제일의 포인트이다.

白2일 때, 黑3의 붙임수가 소위 "2의
一의 맥"에 해당하고 白4, 6으로 1점을
잡아도 黑7로 공배를 메우면 白은 꼼짝
할 수 없다.

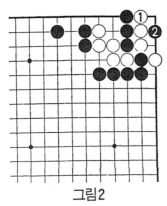

그림2

그림2(변화)

앞 그림의 白2로서 1에 두면 2의 치중
이 좋은 수단이며, 이것으로 白은 무조건
죽음을 면할 수 없다.

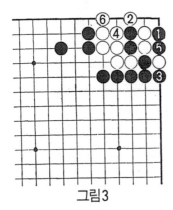

그림3

그림3(실패)

먼저 黑1에 붙이면 白2, 4로 침착하게
응수하여 그뿐이다.

문제3 • 黑선

〈힌트〉

"치중"을 노린다.

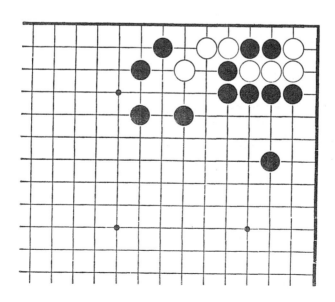

문제3 ● 해답

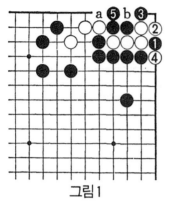

그림1

그림1(정해)

黑1의 젖히기는 보통의 착상이나 계속해서 안쪽에서 3에서부터 5로 두는 것이 깨닫기 어려운 수이다.

이 다음에 白a라면 黑b로 이어 "5궁도화"가 된다.

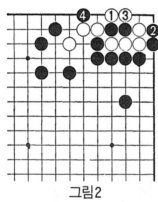

그림2

그림2(변화)

앞 그림의 白2로서 1로 단수하면 黑2를 결정하고 4의 붙임수까지이다.

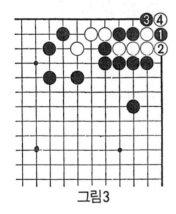

그림3

그림3(실패)

黑1의 붙임수도 흔히 있는 맥이지만 黑3까지 패가 되므로 물론 실패이다.

문제4 • 白선

〈힌트〉

패가 되지 않도록 주의해야 한다.

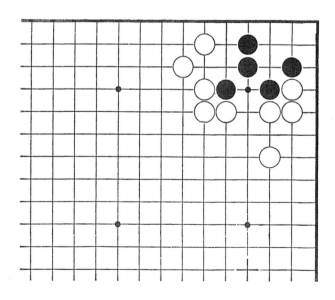

문제4 ● 해답

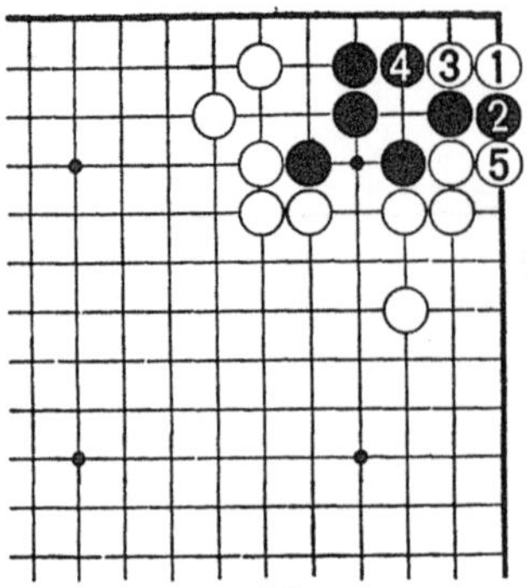

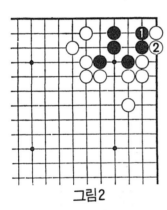

그림1

그림1(정해)

白1의 치중이 날카로운 맥으로서 이한 수로 黑은 잡힌다.

黑2로 막을 수밖에 없지만 다음에 白3이 좋은 수단으로서 黑4, 白5로 거기까지이다.

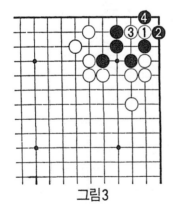

그림2

그림2(변화)

앞 그림의 黑2로서 1에 두면 白2로 건너가 간단하게 잡힌다.

그림3

그림3(실패)

白1의 붙임수도 흔히 있는 맥이지만이 경우에는 핵심을 찌르지 못했다.

즉, 黑2, 4로 버리는 수가 있어 결국패가 된다.

문제5 • 白선

〈힌트〉

수순만 틀리지 않으면 별로 어려운 문제가 아니다.

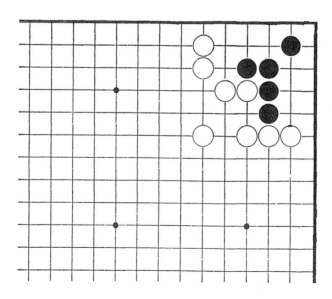

문제5 • 해답

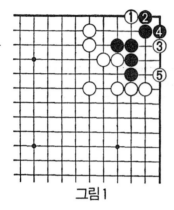

그림1

그림1(정해)

白1의 달리기가 수순이다. 黑2는 절대적이다.

다시 白3으로 달린 다음에 白5로 건너간다.

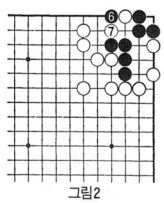

그림2

그림2(속·정해)

黑6에는 白7의 젖히기가 있어 눈 모양은 없다.

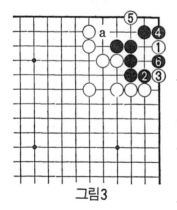

그림3

그림3(실패)

白1로 이쪽에서부터 두어도 마찬가지로 보이지만 실제는 다르다.

즉, 黑2, 4로 빈틈없이 응수하여 白5일 때 黑6의 먹여치기가 성립하여 黑이 살수 있다.

또, 白5에서 6에 이으면 이번에는 黑a로 살 수 있다.

문제6 • 黑선

〈힌트〉

매우 수준높은 문제이다. 이것을 풀 수 있다면 아마 고단자의 자격을 충분히 갖추었다고 할 수 있다.

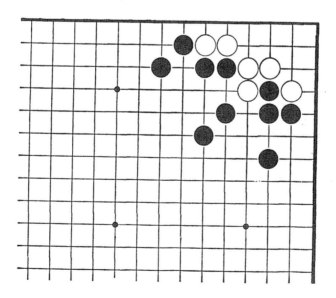

문제6 • 해답

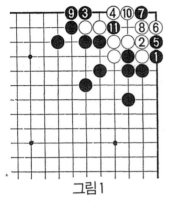

그림1

그림1(정해)

우선 黑1로 단수를 치고 계속해서 黑3으로 젖힌다. 여기까지 모양이 갖추어지면 黑5에서부터 7의 치중의 맥이 눈에 보일 것이다.

이하 白10일 때, 黑11의 먹여치기로 그뿐이다.

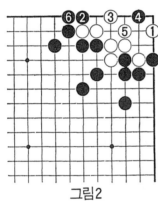

그림2

그림2(변화)

그림1의 白2로서 1로 벗어나는 것도 생각할 수 있지만 黑2의 젖히기에서부터 4의 치중 일발로 잡히게 된다. 白5에는 黑6의 잇기까지이다.

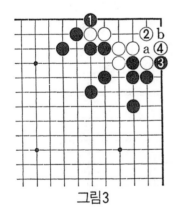

그림3

그림3(실패)

黑1로 젖히면 白2로 받아 패가 되므로 낙제이다. 또 1로 黑a는 白2, 黑3, 白b로서 간단하게 살 수 있다.

문제7 • 白선

〈힌트〉
어디서부터 착수해야 할지 망설이게 되는 문제이다.

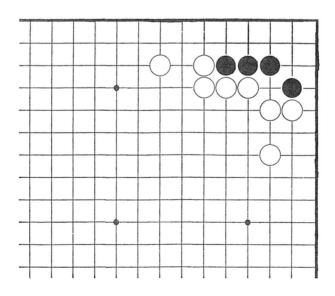

134

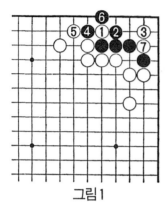

그림1

문제7 • 해답

그림1(정해)

白1의 젖히기부터 두지 않으면 黑을 잡을 수 없다.

黑2로 막으면 白3의 치중이다. 이 수가 白1과 관련된 좋은 수단으로서 이하 白7까지 黑을 잡을 수 있다.

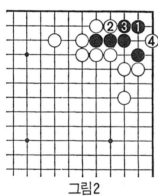

그림2

그림2(변화)

앞 그림의 黑2로서 1에 두면 白2로 나오고 4에 치중하여 黑은 속수 무책이다.

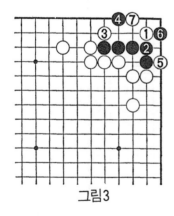

그림3

그림3(실패)

白1의 치중부터 두면 白3에 젖혔을 때 黑4의 뛰기가 준비되어 있어 이하 白7까지 패를 만드는 것이 고작이다.

문제8 • 白선

〈힌트〉

젖히기나 치중으로는 이런 경우 잘 안 된다.

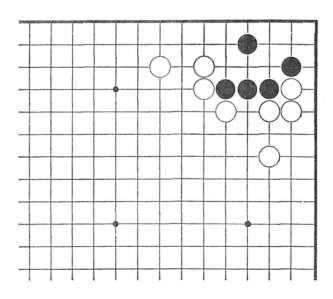

문제8 ● 해답

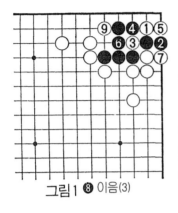

그림1 ❽ 이음(3)

그림1(정해)

이것은 붙임수로부터 조여 잡는 대표
적인 문제이다.

우선 白1로 붙이고 黑2에 白3의 끊기
에서부터 다시 5, 7로 조인다. 黑8로 이
었을 때 白9의 ㅁ자 붙임으로 黑을 잡으
면 된다.

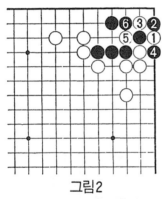

그림2

그림2(실패)

白1의 젖히기는 이런 경우 좋지 않다.

黑2로 막으면 白3, 5로 패가 되므로 실
패이다.

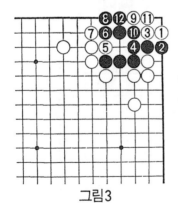

그림3

그림3(실패)

白1의 치중도 있을 수 있는 맥이지만
黑2이하 냉정하게 응수하여 黑12까지 살
수 있다.

문제9 • 白선

〈힌트〉
白3의 수단만 떠오른다면 이미 성공이다.

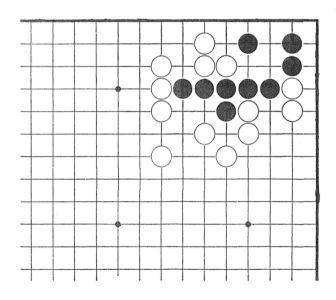

문제9 • 해답

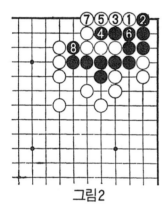

그림1

그림1(정해)

우선 白1을 결정하고 나서 白3의 붙임 수이다.

이야말로 전광석화라고 하는 느낌으로서 순식간에 黑을 절망의 심연 속으로 몰아넣는다. 黑4, 6의 허무한 저항도 白7, 9로 결국 죽게 된다.

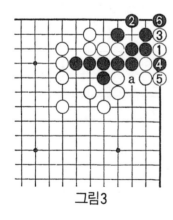

그림2

그림2(실패)

白1의 치중으로는 이 경우 숨통을 끊을 수 없다.

黑2로 막으면 白3, 5로 버텨도 黑8로 나오면 그뿐이다.

그림3

그림3(실패)

白1, 3도 상당한 수이지만 4, 6의 버티기가 준비되어 있으며 결국 a로 나와 패가 된다.

문제10 • 黑선

〈힌트〉

고급 맥이 요구되고 있다.

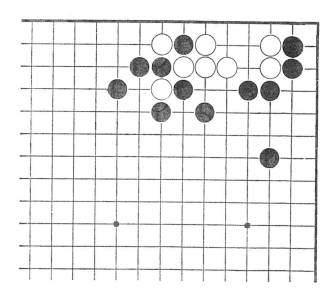

문제10 ● 해답

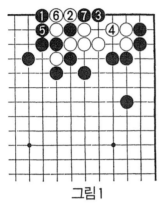

그림1

그림1(정해)

우선 黑1로 뛰어 白2를 두게 하고 나서 黑3의 치중을 한다. 이야말로 선명한 연속타로서 이하 黑7까지 하고 나서 白은 살 수 없다.

실전에서 이 黑1, 3을 둘 수 있다면 당신의 실력은 대단하다.

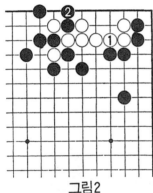

그림2

그림2(변화)

그림1의 白2로서 1에 이으면 黑2로 내려서서 그만이다.

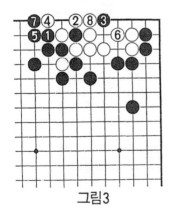

그림3

그림3(실패)

黑1로 몰고 나서 3으로 치중하는 것이 매우 상식적인 운용이지만 이번에는 白4의 버티기가 생겨 이하 白8까지 패는 피할 수 없다.

문제11 • 白선

〈힌트〉

매우 난해한 문제이다.

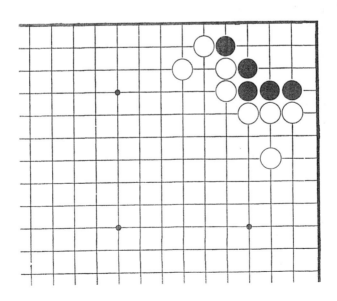

문제11 • 해답

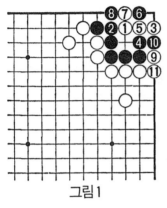

그림1

그림1(정해)

白1의 들여다보기가 급소의 일격으로서 이어서 白3의 뛰기가 상용의 맥이다.

黑4이하 빅으로 몰고가려고 하지만 黑8까지 되었을 때 白9, 11로 젖혀 잇고 수상전에서는 白이 이긴다.

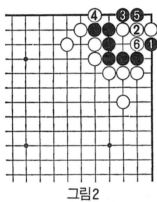

그림2

그림2(변화)

앞 그림의 黑4로서 1로 口자 붙임을 하는 것은 어떨까?

역시 白2로 이으면 5, 6의 곳이 맞보기로서 5궁도화가 된다.

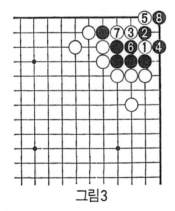

그림3

그림3(실패)

白1의 붙임수에서부터 3, 5로 몰고 나가는 것도 상당한 수단이지만 黑8의 패가 남는다. 결국 패한다.

문제12 • 黑선

〈힌트〉

이것도 수준높은 문제이다.

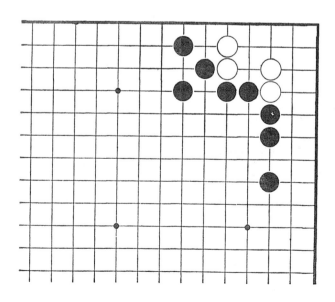

문제12 • 해답

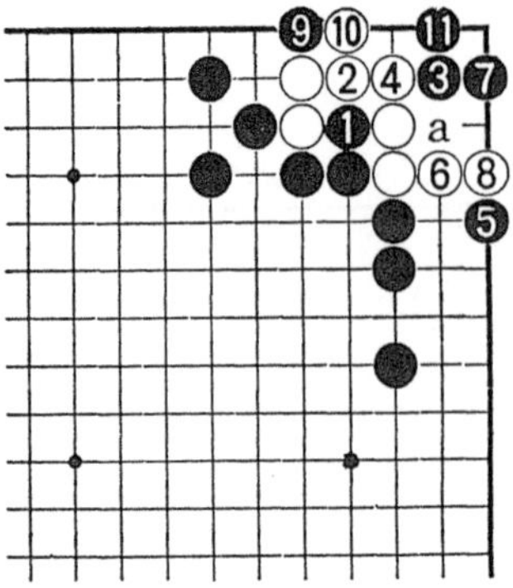

그림1(정해)

黑1을 결정하고 나서 黑3에 치중, 여기까지는 별로 어려운 수순이 아니지만 다음에 黑5의 뛰기가 이 문제의 키 포인트이다.

또한, 白6일 때 黑7의 내림수가 좋은 수단으로서 黑9의 붙이기로 白의 궁도를 좁히고 나서 11로 白의 숨통을 끊었다.

또 白6으로 7이라면 黑6, 白9, 黑11까지이다.

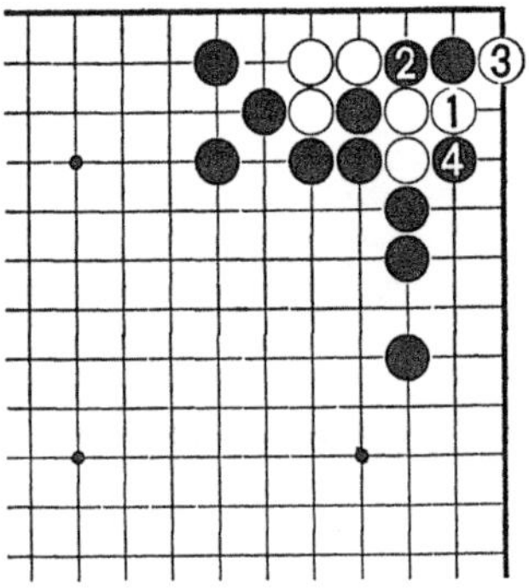

그림2(변화)

그림1의 白4로서 1로 막으면 黑2의 끊기까지이다.

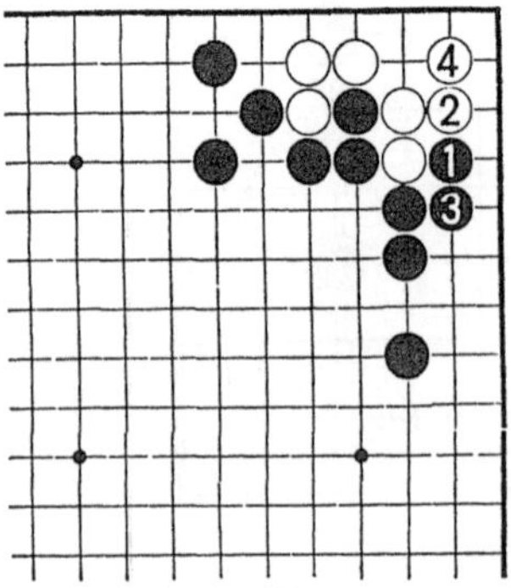

그림3(실패)

黑1, 3으로 젖혀 이으면 白4로 대비하여 간단하게 살 수 있다.

그림1

그림2

그림3

문제13 • 黑선

⟨힌트⟩

제1착이 절묘하다. 패를 만든다면 간단하지만 …….

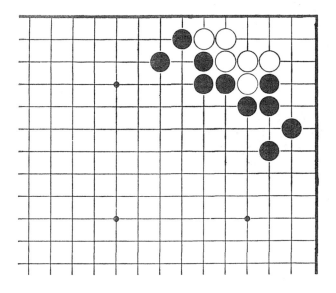

문제13 ● 해답

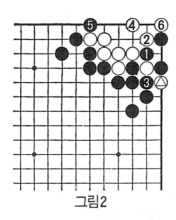

그림1

그림1(정해)

黑1의 뛰어들어가기이다. 여기까지 들어가지 않으면 안 된다.

白2의 젖히기에는 黑3으로 뛰어 붙이고 白4에는 黑5로 잇는다. 이것이 바로 "一, 三, 五의 묘"이다.

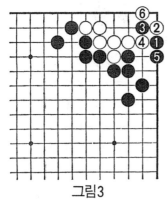

그림2

그림2(변화)

앞 그림의 黑5의 잇는 수로 1로 끊으면 白2로부터 4로 호구를 치는 좋은 수단이 있고, ◎의 작용으로 白6까지 패가 되고 만다.

그림3

그림3(실패)

黑1의 달리기가 제일감이나 白2의 멋진 방어로 결국 白6까지 패이다.

문제14 • 黑선

〈힌트〉

수순이 중요하다.

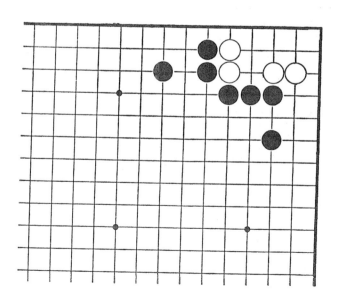

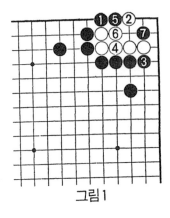

그림1

문제14 ● 해답

그림1(정해)

黑1의 젖히기가 사활의 기본적인 맥에 해당한다.

白2로 응수하면 黑3으로 막고 白4에는 黑5로부터 7의 치중까지가 일관된 수순이다.

실전에서도 이런 젖히기로 잡는 예가 이따금 나타나고 있다.

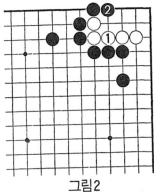

그림2

그림2(변화)

앞 그림의 白2로서 1로 이으면 黑2의 뻗기가 급소로서 다음은 어떻게 두건 白이 잡힌다.

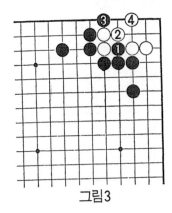

그림3

그림3(실패)

黑1로 먼저 뚫고 3으로 젖히면 白4로 간단하게 살 수 있다.

문제15 • 黑선

〈힌트〉

패를 만들 필요없이 그대로 숨통을 끊어야 한다.

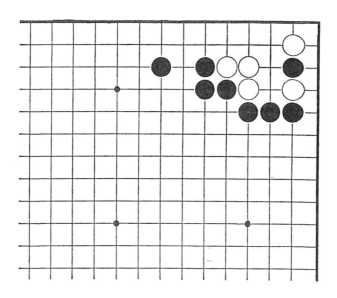

문제15 ● 해답

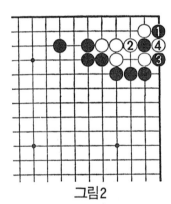

그림1 **7** 되따냄

그림1(정해)

黑1로 나오고 3으로 건너가는 것이 올바른 수순이다. 다음에 白4일 때, 여기가 긴요하지만 黑5로 젖히지 않으면 안 된다. 白6으로 오면 黑7로 되잡는다.

사족이지만, 黑5로서 6에 이으면 黑5의 단수로 쉽게 살 수 있다.

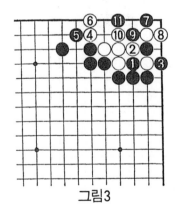

그림2

그림2(실패)

처음에 黑1로 젖히면 白2로서 패는 피할 수 없다.

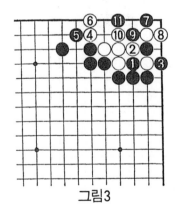

그림3

그림3(실패)

黑1, 3으로 평범하게 두면 白4, 6으로 궁도를 넓힌다. 黑7이하의 맥으로 패로 몰고갈 수 있지만 실패가 분명하다.

문제16 • 白선

〈힌트〉

黑이 ▲의 맥으로 버티기를 도모하고 있는 국면이다.
白에는 건너가기의 좋은 맥이 있다.

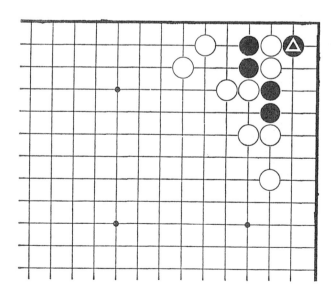

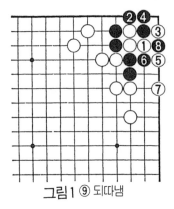

그림1 ⑨ 되따냄

문제16 • 해답

그림1(정해)

白1은 절대적이나 다음에 3으로 단수를 치고 나서 5로 口자를 한 것이 우선 제일의 묘수이다. 黑6으로 그뿐인 것 같지만 여기에는 白7의 뛰기라고 하는 제2의 묘수가 준비되어 있다.

黑8은 당연하지만 다음에 白9로 되잡는 수가 있어서 黑은 2눈을 만들 여지가 없게 된다.

그림2(변화)

그림1의 黑2로서 1로 누르면 白2 또는 a로서 이 수상전에서는 白이 이긴다.

그림2

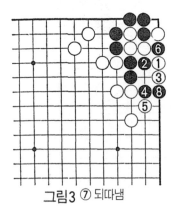

그림3 ⑦ 되따냄

그림3(실패)

그림1의 白7로 3에 뻗는 것은 黑4이하 8로서 白의 실패이다.

문제17 • 黑선

〈힌트〉

비록 제1착이 쉽게 떠오른다고 하더라도 다음의 변화가 참으로 어려운 문제이다.

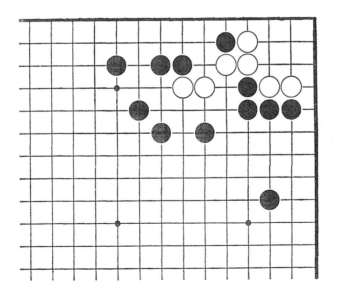

문제17 • 해답

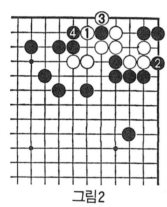

그림1

그림1(정해)

黑1의 치중은 이 모양에서는 절대적인 급소이다. 白2에는 黑3의 내림수가 이에 이은 좋은 수단으로서 黑5, 白6의 교환 다음 黑7의 끌기까지이다.

白8에는 黑9가 마지막 숨통을 끊는 일 착이다.

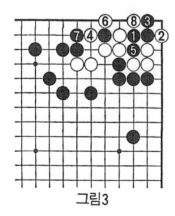

그림2

그림2(변화)

그림1의 白4로서 1로 단수하면 黑2의 건너가기로 순식간에 잡힌다.

그림3

그림3(실패)

그림1의 黑3으로 1에 두면 白2의 젖히기로 저항하고, 이하 黑5까지 되었을 때 白6, 8의 맥으로 버텨 결국 패를 피할 수 없다.

3. 패 만드는 수

문제1 • 黑선

⟨힌트⟩

어쨌든 수만 찾는다면 黑의 성공이라고 할 수 있다.

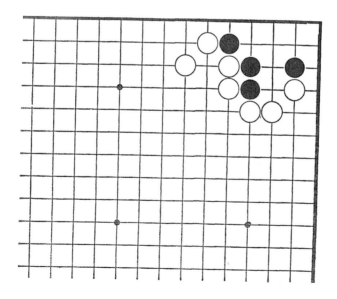

문제1 ● 해답

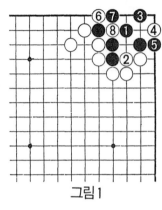

그림1

그림1(정해)

黑1로 호구치는 것이 이 경우의 좋은 수단이다.

白2는, 이 자리에 黑이 두면 사는 급소이다. 계속해서 黑3이 교묘한 수단으로서, 결국 白8까지 패가 되었다.

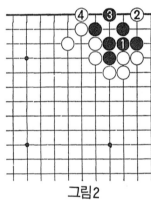

그림2

그림2(실패)

앞 그림의 黑3으로 1에 이으면 白2의 치중이 급소가 된다.

黑3에는 白4의 내림수까지 잡힌다.

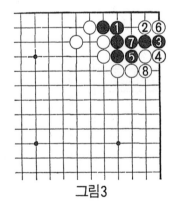

그림3

그림3(실패)

黑1로 이으면 白2의 붙임수 이하 8까지 속수 무책이다.

문제2 • 黑선

〈힌트〉

黑이 자충의 모양이므로 비상 수단을 사용하지 않으면 안 된다.

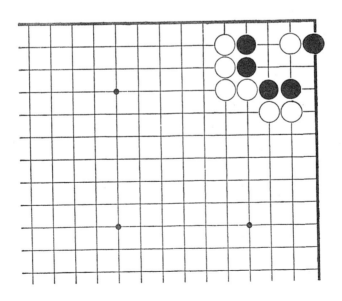

문제2 ● 해답

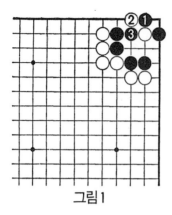

그림1

그림1(정해)

黑1로 2의 一에 젖히는 것이 좋은 수단이다.

白2로 막을 수밖에 없으므로 黑3으로 끊어 패로 몰고 가면 성공이다.

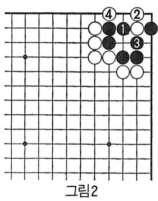

그림2

그림2(실패)

黑1은 白2의 응수로 계획대로 되지 않는다.

계속해서 黑3을 두면 白4로 건너가 그 뿐이다.

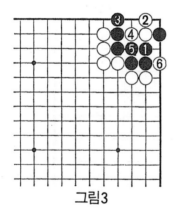

그림3

그림3(실패)

이번에는 黑1로 이쪽에서부터 두면 白2의 자리가 역시 급소이다. 이하 白6까지 黑이 속수 무책이다.

문제3 ● 黑선

〈힌트〉

白이 살아 있는 것처럼 보이지만 黑에 어떤 수단이 있을까?

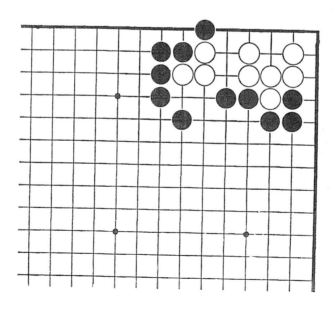

문제3 • 해답

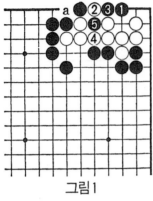

그림1

그림1(정해)

黑1의 치중부터 착수하지 않으면 안된다.

白2의 누르기는 당연하다. 계속해서 黑3이 좋은 수단이지만 白4가 최선의 응수로서 패가 되는 것이 모두 올바른 수순이다.

白4로서 실수하여 a에 두면 黑4로 무조건 죽는다.

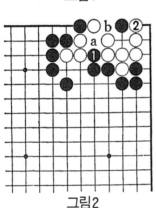

그림2

그림2(실패)

앞 그림의 黑3으로 1로 나오면 白2로 받고, 다음에 黑a이면 白b에 이어 黑이 白3점을 잡을 수 있지만 물론 이것으로는 낙제이다.

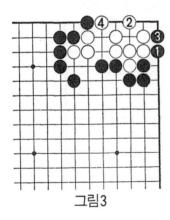

그림3

그림3(실패)

黑1로 먼저 젖히면 白2로 눈을 만들어 그뿐이다.

문제4 • 黑선

⟨힌트⟩

🔺2점은 아직 완전히 잡힌 것이 아니다. 黑의 상용의 맥을 찾아주기 바란다.

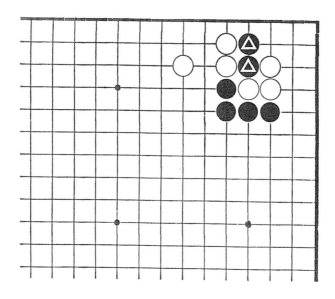

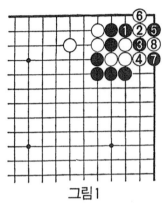

그림1

문제4 ● 해답

그림1(정해)

黑1의 꼬부리기가 절대적이고 白2일 때는 黑3의 끊기로부터 5의 단수가 일련 의 맥이다. 白6으로 내려가면 黑7로 본패 가 된다.

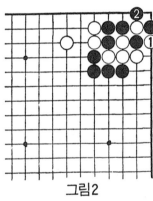

그림2

그림2(변화)

앞 그림의 白6으로 1을 잡으면 黑2에 두어 이번에는 2단패가 된다. 따라서 원 칙적으로는 白이 이 그림을 채용하는 것 이 좋은 것이다.

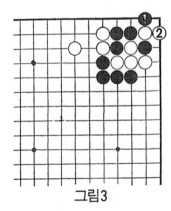

그림3

그림3(실패)

그림1의 黑5로 1에 단수하면 白2로 내 려간다.

문제5 • 黑선

〈힌트〉

이미 죽었다고 체념하기에는 너무나도 아깝다. 어떻게 하든지 白
의 약점을 찌를 수 있는 수단을 찾아내야 한다.

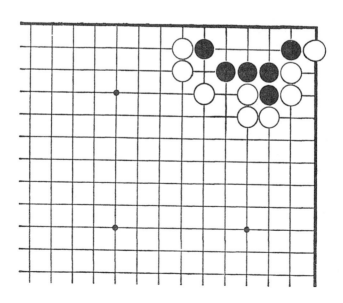

문제5 • 해답

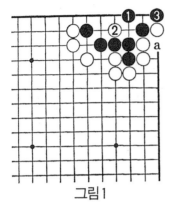

그림1

그림1(정해)

기본편에 있는 것과 똑같은 맥으로서 패가 된다.

黑1의 호구치기가 약간 깨닫기 어려운 수단이다. 白2로 눈을 파호하면 黑3으로 패이다. (白a로 이을 수 없다)

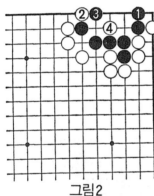

그림2

그림2(실패)

黑1로 궁도를 넓혀보아도 白2의 젖히기를 활용하여 4의 치중까지이다. 5궁도화로 죽는다.

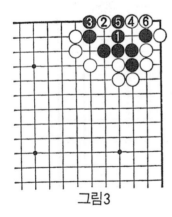

그림3

그림3(실패)

黑1을 두면, 패가 될 것 같은데 실제로는 그렇지 않다. 白2의 치중으로부터 4, 6으로 두어서 결국 죽게 된다.

문제6 • 黑선

⟨힌트⟩

귀에 다른 수단이 없으면 黑은 그대로 잡히게 된다.

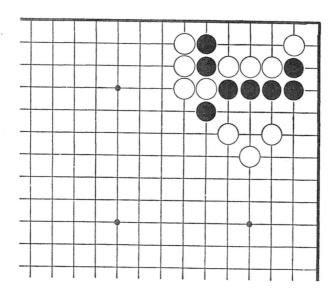

문제6 • 해답

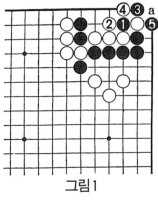

그림1

그림1(정해)

黑1의 끊기에서부터 3의 단수하는 맥은 문제4와 같다.

白4로 잡으면 결국 黑5의 단수로서 2단패이다.

2단패이기 때문에 白은 다음에 즉시 a로 잡지 않고 한 수 손을 빼는 것도 가능하다.

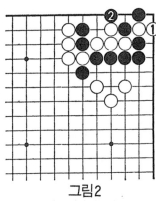

그림2

그림2(변화)

앞 그림의 白4를 1로 내려가면 黑2의 단수로 이번에는 본패가 된다는 것도 앞의 문제에서 설명한 것과 같다.

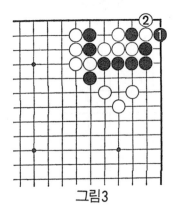

그림3

그림3(실패)

그림1의 黑3으로 1의 단수는 白2의 내림수로 黑의 실패이다.

문제7 • 白선

〈힌트〉

귀의 특수성을 활용하는 수단이 있다.

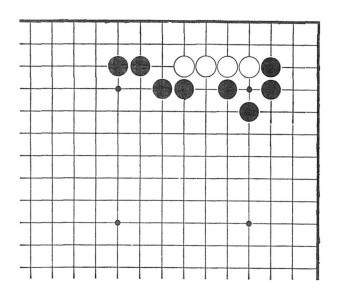

문제7 • 해답

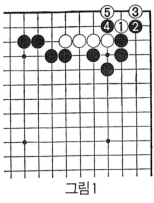

그림1

그림1(정해)

白1, 3의 2단 젖히기가 상용의 맥이다.

계속해서 黑4로 끊으면 白5의 패로 버티는 것이다

이 맥은 응용 범위가 넓기 때문에 반드시 기억해 두기 바란다.

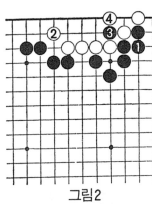

그림2

그림2(변화)

앞 그림의 黑4를 黑1로 일단 연결해도 白2의 口자에서부터 黑3으로서 여전히 패이다.

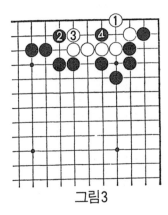

그림3

그림3(실패)

그림1의 白3으로 1에 호구치면 黑2의 口자 다음 4의 치중으로 그만이다.

문제8 • 白선

〈힌트〉

보통의 젖히기로는 별 효력이 없다.

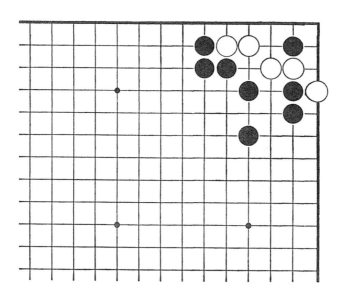

170

문제8 ● 해답

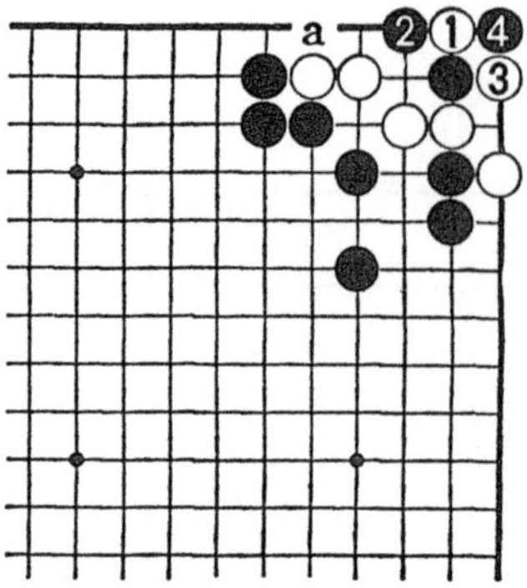

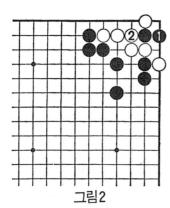

그림1

그림1(정해)

白1의 붙임수가 소위 "2의 一"의 맥에 해당한다.

黑2에는 白3으로 받고 黑4로 패이다.

白1로서 a로 넓히면 黑2로 파호하고, 白3에는 黑1로서 5궁도화로 죽는다.

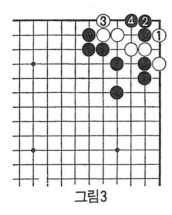

그림2

그림2(변화)

앞 그림의 黑2를 1로 내려가면 白2로 살 수 있다.

그림3(실패)

처음에 白1로 평범하게 젖히면 黑2의 내림수로, 그림1의 설명으로 되돌아가게 된다.

그림3

문제9 • 黑선

〈힌트〉

黑1의 수단이 바로 白의 폐부를 찌르는 날카로운 수단이다.

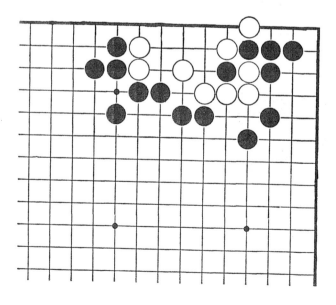

문제9 • 해답

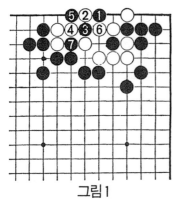

그림1

그림1(정해)

黑1의 치중이 白의 결함을 찌르는 날카로운 수단이다.

白2로 붙일 수밖에 없고, 黑3의 찝기가 급소이다. 白4, 6에는 黑7까지 패로 몰고간다.

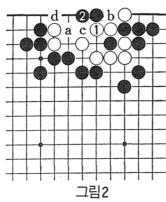

그림2

그림2(변화)

앞 그림의 白2로서 1에 두면 순간 黑2로 뻗어 白a라면 黑b, 白c에는 黑d로 응수하여 白이 잡힌다.

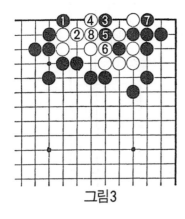

그림3

그림3(실패)

黑1로 먼저 젖히고 3으로 치중하면 이미 때는 늦었다.

白4의 口자 붙임수 이하 白8까지 필연의 수순으로서 白이 무조건 살 수 있다.

문제10 • 白선

〈힌트〉

白1, 3이 수순의 묘로서 패로 몰고 갈 수 있다.

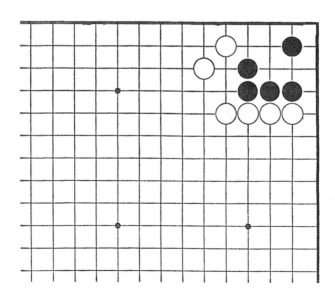

문제10 ● 해답

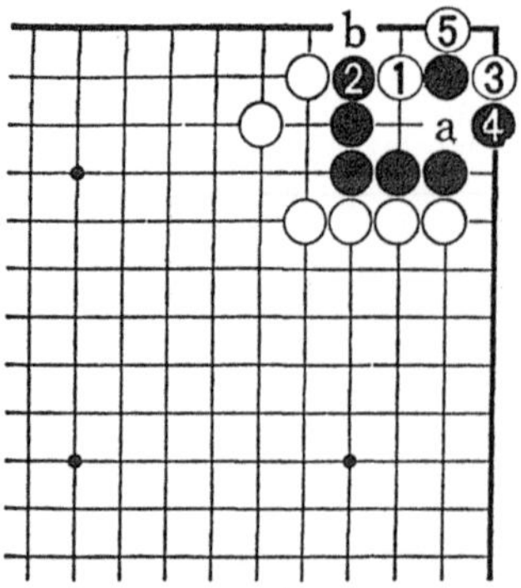

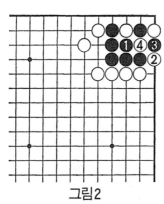

그림1

그림1(정해)

白1의 뛰어 붙이는 수가 급소이다. 黑 2일 때 白3으로 다시 붙인 것이 맛좋은 맥이다.

黑4에는 白5에 몰아 패이다. 다음에 黑이 패를 피해 a에 이으면 白b로 넘어 가고 黑b로 내려서면 白a로 잡기까지이 다. 모두가 黑의 실패이다.

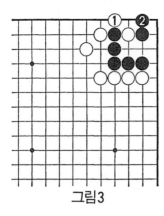

그림2

그림2(변화)

앞 그림의 黑4로서 1, 3으로 두어도 역 시 패이지만 이번에는 白이 잡을 차례이 므로 黑이 손해이다.

그림3

그림3(실패)

그림1의 白3으로 1에 두면 黑2로 살게 된다.

문제11 • 白선

〈힌트〉

白의 제1착이 포인트이나 그 후의 변화도 매우 난해하다.

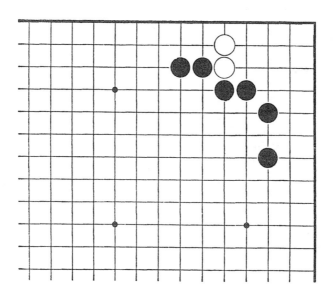

문제11 ● 해답

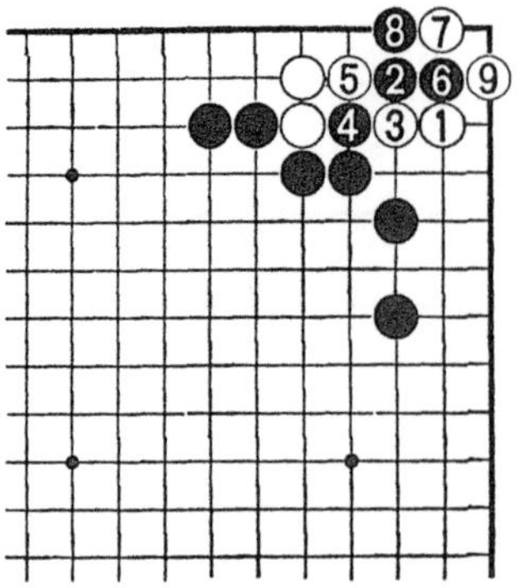

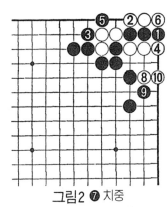

그림1

그림1(정해)

白1로 2칸을 뛰는 것만이 여기서 유일한 맥이다.

黑2의 치중에서부터 6까지가 최강의 수단이지만 白에도 7의 붙임수에서부터 9로 모는 맥이 있어 패가 된다.

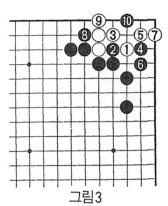

그림2 ❼ 치중

그림2(변화)

앞 그림의 黑8을 1로 내리는 수단이 있을 것도 같지만 白8, 10의 맥으로 살 수 있다.

그림3(실패)

白1의 뛰기로 살았다고 속단하는 사람도 많겠지만 黑2에서부터 4, 6의 붙임수가 좋은 수단으로서 이하 黑10까지 白이 무조건 죽는다.

그림3

문제12 • 白선

〈힌트〉

걸작 중의 하나로 꼽을 수 있다. 白1의 수단이 黑을 자충으로 유도하는 묘수이다.

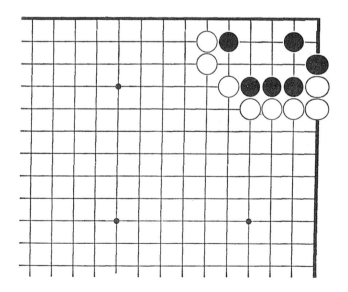

문제12 • 해답

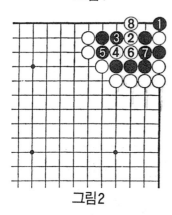

그림1

그림1(정해)

白1의 먹여치기가 절묘의 수단으로서 이것이외로는 모두 실패이다. 黑2는 최선의 응수로서 결국 白3까지 패가 정해이다.

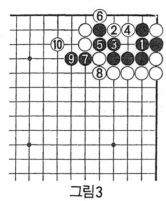

그림2

그림2(변화1)

黑1로 잡으면 白2의 날카로운 붙임수로서 黑은 순식간에 궁지에 빠진다.

白4의 끼우기에 이어 이하 白8까지 黑이 자충이 되어 어느 쪽에서도 단수할 수 없다.

그림3

그림3(변화2)

그림1의 黑2로서 1에 이으면 어떻게 될까?

이번에는 白2의 붙임수가 급소가 되고 白6으로 건너가서 黑을 잡는다.

자충의 두려움을 이 문제를 통하여 터득하여 주기 바란다.

문제13 • 黑선

〈힌트〉

매우 복잡한 문제이다. 이것을 풀 수 없다고 해서 조금도 비관할 필요는 없다.

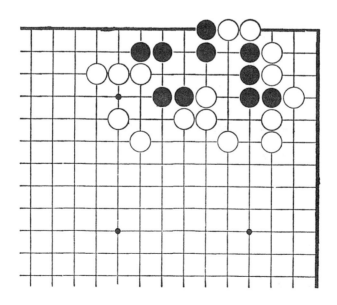

180

문제13 • 해답

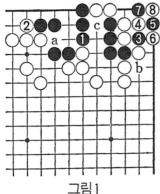

그림1

그림1(정해)

우선 黑1로 1눈을 만드는 것이 중요하다. 白2를 두지 않으면 黑a로 살 수 있으므로 부득이하다.

계속해서 黑3의 끊기가 수순으로서 白4일 때 黑5, 7이라고 하는 묘수가 생기게 된다.

白8의 패는 피할 수 없다. 이 수로 b에 이으면 黑c로 살 수 있기 때문이다.

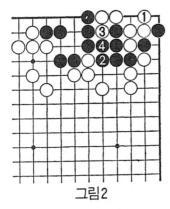

그림2

그림2(변화)

앞 그림의 白6으로 1에 두면 어떻게 될까? 黑2가 맹점으로서 연단수로 유도한다.

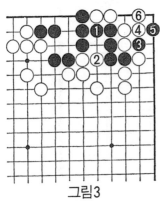

그림3

그림3(변화)

그림1의 黑3으로 1의 단수를 서두르게 되면 黑3, 5일 때 白6의 방어로 속수 무책이 된다.

4. 공격 수

문제1 • 白선

〈힌트〉

"사석의 맥"으로서의 대표적인 모양이다.

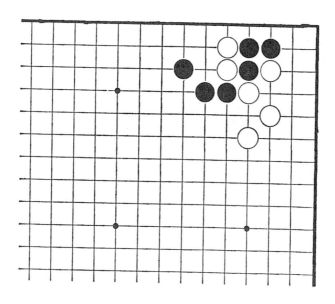

문제1 • 해답

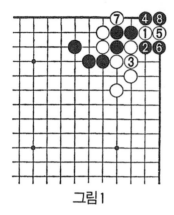

그림1

그림1(정해)

우선 白1로 젖히고 黑2에는 3으로 잇는다. 이하 黑8까지는 외길이지만 도중에 白5로 2점을 만들어 버리는 호흡이 중요하다.

黑8다음의 수는 이미 잘 알고 있을 것이다.

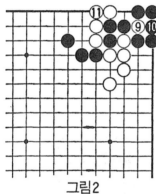

그림2

그림2(속·정해)

白9로 먹여치고 黑10일 때 白11로 잇는 것으로 黑은 모두 잡힌다.

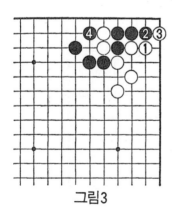

그림3

그림3(실패)

白1은 얼핏 생각하기에 쉬운 수단이나, 그림1의 白1이 비범한 수단으로서 그만치 재미가 있다. 이 그림은 黑4까지 간단하게 잡히고 있다.

문제2 • 白선

〈힌트〉

앞의 문제를 더욱 연구해 본 것이다. 제1착만 알게 되면 다음은 같은 맥이다.

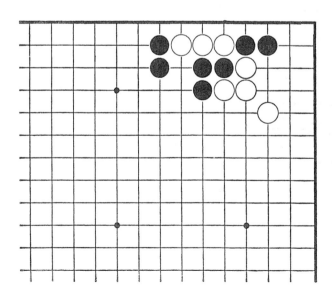

문제2 ● 해답

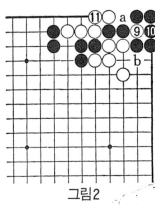

그림1

그림1(정해)

수상전의 수수를 메우는 견본과도 같은 문제이다. 우선 첫째 수의 白1이 날카롭다.

黑2는 절대적이다(黑2를 3이면 白2까지). 계속해서 白3으로 끊고 이하 黑8까지 문제1과 똑같은 방법이다.

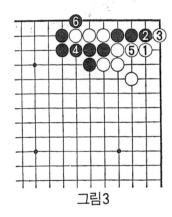

그림2

그림2(속 · 정해)

白9의 먹여치기이다. 黑10, 白11의 잇기까지가 되면 다음은 간단하다. 다음에 a, b가 맞보기로서 白이 이긴다.

그림3

그림3(실패)

白1이 보통의 착상이나 이것으로는 黑2로 수수를 늘리고 나서 4로 공배를 메워 수상전에서 패한다.

문제3 • 白선

〈힌트〉

黑을 자충으로 유도하는 강렬한 연타가 있다.

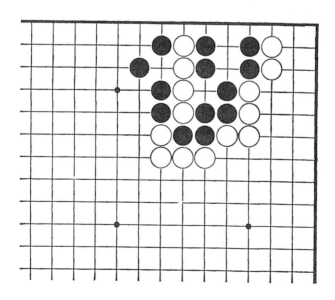

문제3 ● 해답

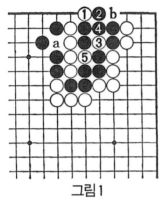

그림1

그림1(정해)

白1의 젖히기가 黑의 자충을 이용하는 좋은 수단이다.

黑2로 막으면 白3의 먹여치기에서부터 5의 단수로 黑은 연결할 수 없다.

또 黑2로서 3의 잇기라면 白2로 나와 선수 빅이 된다. 또한 黑2에서 a라면 白b로 넘어가서 그뿐이다.

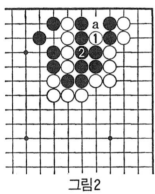

그림2

그림2(실패)

白1의 먹여치기는 수순이 틀렸다. 이번에는 黑2 또는 a로 받아 그만이다.

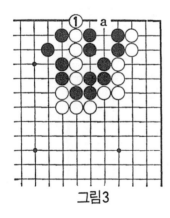

그림3

그림3(실패)

白1, 白a 모두 실패이다. 각자가 확인하기 바란다.

문제4 • 白선

〈힌트〉

白1은 맹점이 되기 쉬운 자리이다.

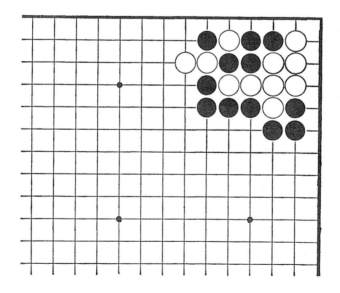

문제4 ● 해답

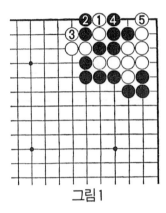

그림 1

그림1(정해)

白1로 잠자코 내려가는 것이 좋은 수단이다. 黑2는 절대적이지만 이하 白5까지 白의 승리는 분명하다.

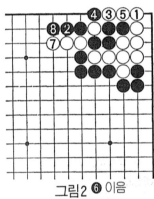

그림2 ❻ 이음

그림2(실패)

처음에 白1로 내려서면 黑2의 여유가 생긴다. 白3에서부터 5로 조여도 결국 뜻대로 되지 않는다.

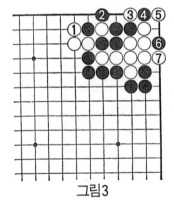

그림3

그림3(실패)

白1로 단수를 치고 나서 3으로 젖힌다. 이 운용이 매우 보통의 감각이지만 이것은 낙제이다.

즉, 黑4의 먹여치기로부터 6으로 치중하는 절묘한 수단이 있어 黑의 선수 빅이 된다.

문제5 • 白선

〈힌트〉

패가 되지 않도록 무조건 잡기바란다.

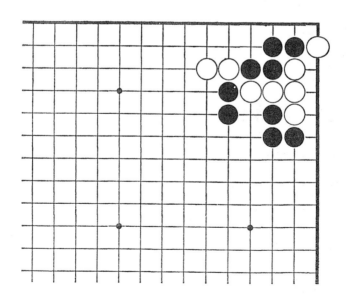

문제5 • 해답

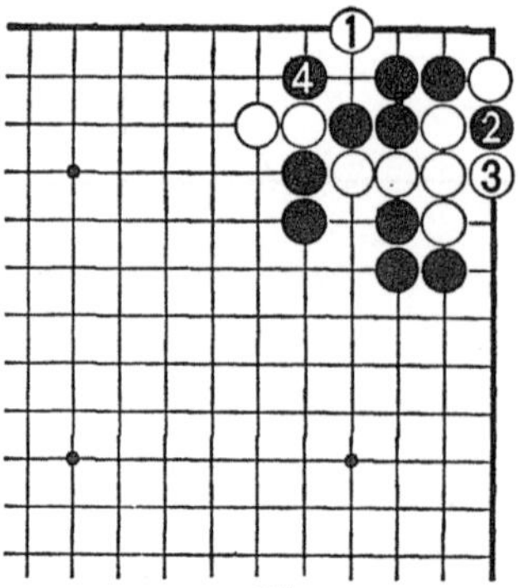

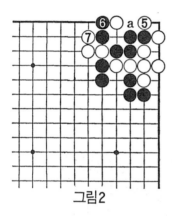

그림1

그림1(정해)

白1의 치중이 이 黑 모양에 대한 급소에 해당한다. 黑2에서부터 4로 저항한다.

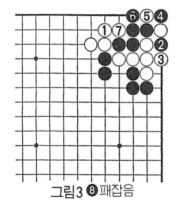

그림2

그림2(속·정해)

白5의 젖히기로 마지막 숨통을 끊는 수이다.

그런데 白5로서 단순히 7로 막으면 黑a로 패가 되므로 실패이다.

그림3 ⑧패잡음

그림3(실패)

白1의 꼬부리기에서부터 솔직하게 나가서는 안 된다.

黑2에서부터 4로 버티는 수가 생겨 黑8까지 늘어진 패의 모양이다.

문제6 • 白선

〈힌트〉

白3이 통렬한 맥이다.

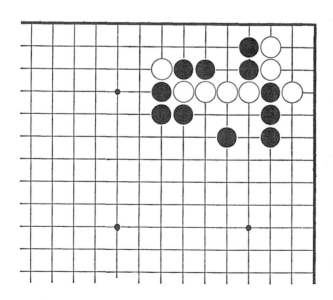

문제6 ● 해답

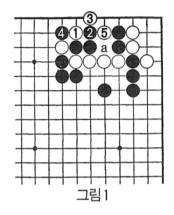

그림1

그림1 (정해)

기경중묘 가운데에서도 널리 알려진 것 중의 하나이다.

白1, 黑2는 아무것도 아니지만 다음의 白3의 2단 젖히기가 통렬한 맥이다. 즉, 묘수이다.

黑4라면 白5이고, 黑은 a로 연결할 수 없게 된다.

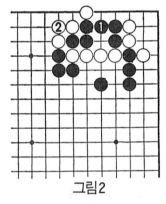

그림2

그림2 (변화)

그림1의 黑4로 1에 이으면 白도 2로 이어 수상전에서 이긴다.

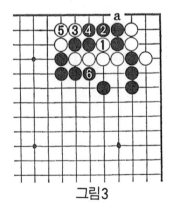

그림3

그림3 (실패)

白1로 나오고 3, 5를 두는 것은 전혀 안 된다. 또 白1로 a에 젖히면 黑1로 잇는 것이 좋다.

문제7 • 白선

〈힌트〉

白이 귀에서 산다는 것은 불가능하다. 그러면 어떻게 수수를 늘릴 것인가?

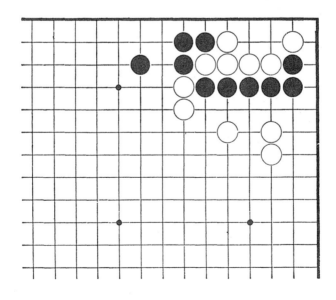

문제7 • 해답

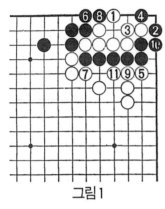

그림1

그림1(정해)

白1의 口자가 유일한 맥이다.

黑2, 4는 당연하지만 白3에서부터의 수상전 결과는 白11까지 "유가무가"가 되어 白이 이긴다.

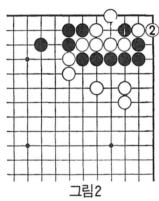

그림2

그림2(변화)

앞 그림의 黑2로서 1로 끊는 것은 무리이다. 白2로 내려서서 무조건 살 수 있게 된다.

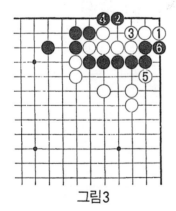

그림3

그림3(실패)

처음에 白1로 내려가는 수도 있을 것 같지만 黑2의 치중이 좋은 수단으로서 黑이 한 수 이긴다.

또, 白3으로 4에 막으면 黑3의 끊기로 끝장이다.

문제8 • 黑선

〈힌트〉

기상 천외한 맥이 있는데 무조건 이 白을 잡을 수 있다.

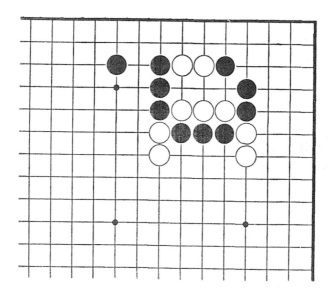

문제8 • 해답

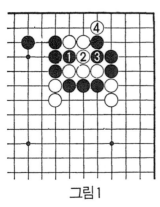

그림1

그림1(정해)

이 국면은 우선 1, 3으로 공배를 메우지 않으면 안 된다.

당연히 白4의 젖히기에서부터 수수를 늘리겠지만.

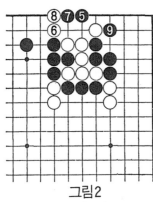

그림2

그림2(속·정해)

우선 黑5의 치중이 白의 심장을 찌르는 급소의 일격으로서, 계속해서 白6으로 젖혔을 때 黑7 역시 기상 천외의 일착이다.

黑9로 막으면 2수와 3수로서 黑의 승리가 분명하다.

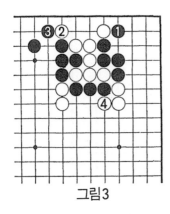

그림3

그림3(실패)

그림2의 黑5로서 1로 단순하게 막으면 이하 白4까지 이 수상전은 黑패이다.

문제9 • 黑선

〈힌트〉

白의 자충을 이용해 잡을 수 있는 묘착이 있다.

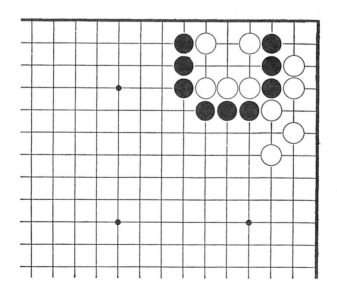

문제9 ● 해답

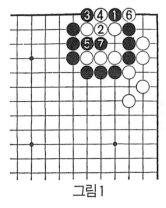

그림1

그림1(정해)

이것도 널리 알려진 문제이다. 黑1로 이기고 있다. "잘 먹겠습니다"라고 하는 젖히기이다. 白2에는 黑3에서부터 7까지 자충으로 유도한 것이 黑1의 활약이다.

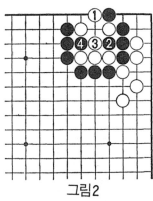

그림2

그림2(변화)

그림1의 白2로서 1에 막으면 黑2, 4로 연단수가 된다. 黑2를 무모하게 4부터 두면 白2로 이어 안 된다.

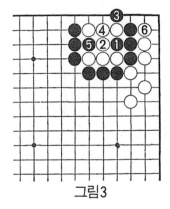

그림3

그림3(실패)

黑1로 나오면 자기가 스스로 공배를 메우는 모양이 되어 좋지 않다.

白6까지 黑이 잡힌다.

문제10 • 黑선

〈힌트〉

이 한 수라고 하는 날카로운 수를 찾아주기 바란다.

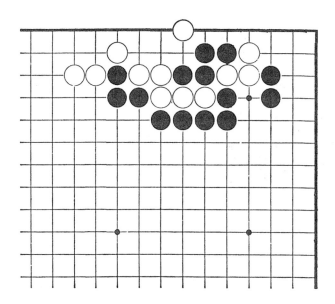

문제10 ● 해답

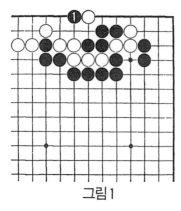

그림1

그림1(정해)

黑1의 붙임수가 절묘의 한 수가 되어 白은 속수 무책이다.

이야말로 白의 폐부를 도려내는 일격이라고 해도 과언이 아닐 정도로 후련한 문제이다.

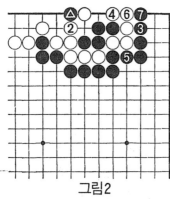

그림2

그림2(속 · 정해)

白2로 버릴 수밖에 없는데 黑3으로 막고 黑7이면 白은 연단수가 된다. ▲이 효과적으로 白을 자충으로 유도하고 있다.

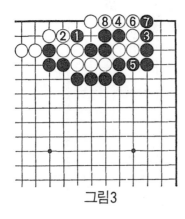

그림3

그림3(실패)

黑1로 단수하면 이번에는 黑이 살아날 수 없다.

黑3이하로 밖의 공배를 메워도 白8로 연결하면 그뿐이다.

문제11 • 白선

〈힌트〉

"白의 一, 三이 묘수"라고 알려져 있다.

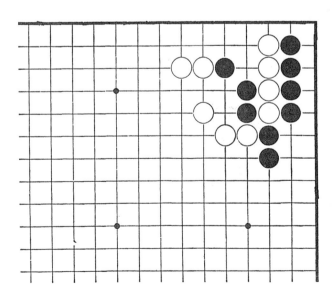

문제11 ● 해답

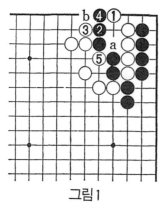

그림1

그림1(정해)

白1의 ㅁ자가 상용의 맥이다

黑2로 연락을 차단하면 白3, 5로 공배를 메우기만 하면 된다. 계속해서 黑a라면 白b까지이다.

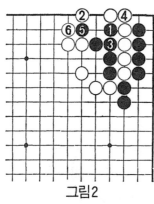

그림2

그림2(변화)

앞 그림의 黑2로서 1이라면 白2의 뛰기가 묘수로서 이하 白6까지 黑이 잡힌다. 또한 黑1로 3이라도 白2, 黑5, 白6으로서 같은 모양이 된다.

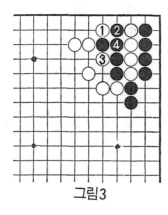

그림3

그림3(실패)

白1로 평범하게 두면 黑2에 끼워, 반대로 白이 자충이 되어 잡히게 된다.

5. 건너는 수

문제1 • 黑선

〈힌트〉

건너가기의 기본 기법 중의 하나이다.

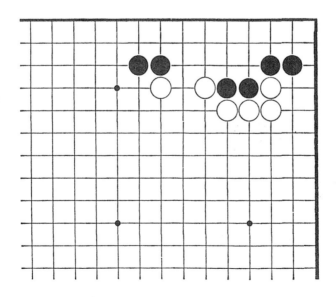

문제1 • 해답

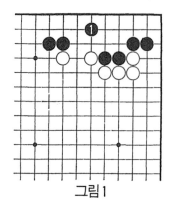

그림1

그림1(정해)

黑1이 좋은 수로서 이 한 수로 서로 연결되고 있다. 제2선에서 건너가는 경우이 행마가 상용의 맥이다.

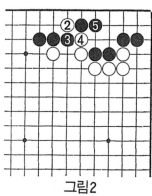

그림2

그림2(속·정해)

白2에 붙여오면 黑3에서부터 5까지 건너가고 있다. 白2로서 5에 붙이면 4로 부딪친다. 또한 白2로서 4에 두면 黑5로 끌기까지이다.

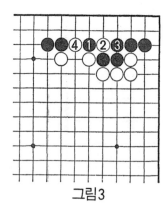

그림3

그림3(실패)

단순하게 건너가려고 해도 잘 되지 않는다. 黑1로 막으면 오히려 白2에서부터 4까지 궤멸한다. 정해도와 같이 비켜서는 것이 이 경우에는 타당하다. 또 白2로는 단순하게 4도 있다.

문제2 • 黑선

〈힌트〉

수순에서 실수하면 모처럼의 맥도 소용없다.

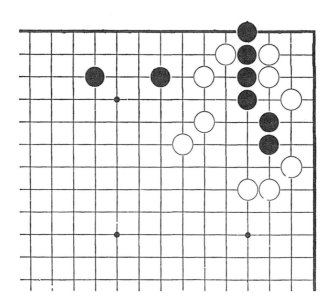

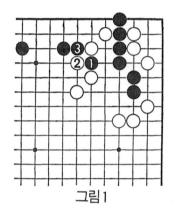

그림1

문제2 ● 해답

그림1(정해)

우선 黑1의 끼우기, 이것이 절대적이다. 白2는 얼핏 보면 공배에 두는 것 같지만 계속해서 黑3으로 끊는다.

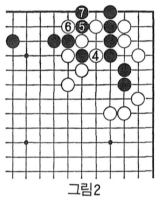

그림2

그림2(속·정해)

白4일 때 黑5가 좋은 수단으로서 멋지게 건너가기에 성공한다.

黑1, 3, 5가 일련의 맥인 것이다.

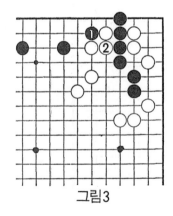

그림3

그림3(실패)

黑1로 먼저 두면 白2로 단순하게 잇는 응수로 그뿐이다.

문제3 • 黑선

〈힌트〉

이것도 정확한 수순이 요구되고 있는 문제이다.

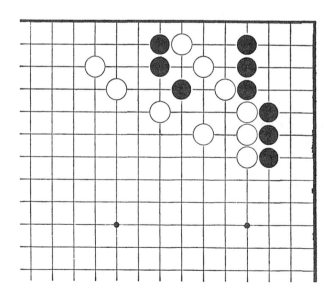

문제3 • 해답

그림1(정해)

어떤 수순으로 둘 것인가? "건너가기"의 경우, 맥으로서는 별로 어렵지 않다고 하더라도 만약에 수순에서 실수한다면 연결할 수 없는 경우가 많다. 정확하게 수순을 취하려면 역시 읽기가 중요하다.

黑1의 붙임수가 좋은 수이며 白2로 이으면 黑3까지이다.

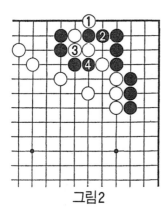

그림1

그림2(변화)

앞 그림의 白2로서 1에 단수하면 黑2로 잇는 것이 좋고 이하 4로서 黑이 승리한다.

그림2

그림3(실패)

黑1, 4는 수순이 나쁘며 결국 白4, 黑5로서 패가 된다.

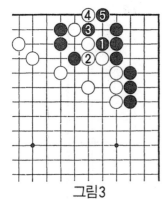

그림3

문제4 • 白선

〈힌트〉

좀처럼 깨닫기 어려운 맥이 있다.

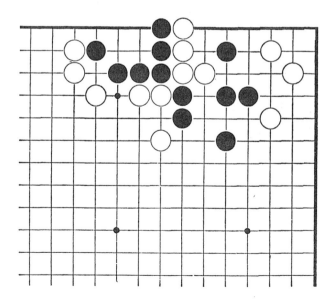

문제4 ● 해답

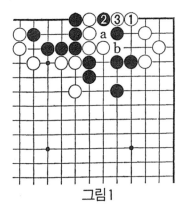

그림1

그림1(정해)

白1의 口자가 좋은 수로서 이것으로 연결되고 있다. 黑2에는 白3으로서 黑은 속수 무책이다.

이 다음에 黑a라면 물론 白b이다.

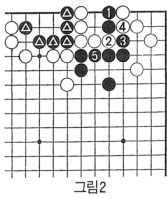

그림2

그림2(변화)

앞 그림의 黑2로서 1로 막으면 白2, 4의 끊기까지이다. 黑5까지 부분적으로는 일단 빅 모양이지만 ●표식의 黑에 눈이 없으므로 결국 "빅"이 깨지게 된다.

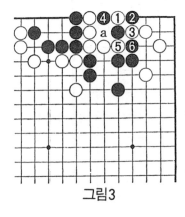

그림3

그림3(실패)

白1의 붙임수가 얼핏 보면 맥인 것 같지만 실제로는 그렇지 않다. 黑2이하 6까지 되어 이것으로 끝이다.

또, 白5로 a에 몰게 되도 黑5로 연단수이다.

6. 몰아따는 수

문제1 • 白선

〈힌트〉

얼핏 보면 수가 없는 것 같지만 실은 黑의 자충을 이용하는 좋은 수단이 있는 것이다.

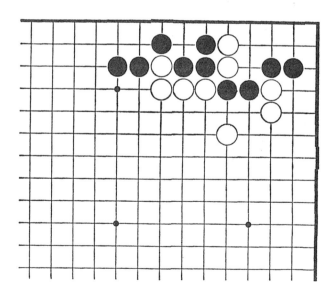

문제1 • 해답

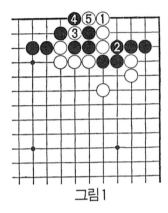

그림1

그림1(정해)

白1의 내림수가 상용의 맥이다. 黑2로 이으면 白3의 먹여치기로부터 5까지 黑 은 3으로 이을 수 없다.

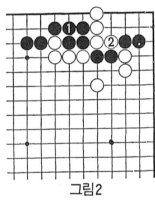

그림2

그림2(변화)

앞 그림의 黑2로서 1로 이으면 白2에 끊어 2수, 3수로서 白승이 분명하다.

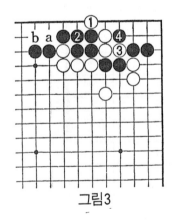

그림3

그림3(실패)

白1로 단수하면 黑2에 이어 白은 어떻게 할 수 없다.

白3의 끊기는 黑4로 성립될 수 없으며 白3으로 a에 끊어도 黑b로서 물론 안 된다.

문제로서 제시된 경우에는 정해를 구할 수 있는 사람이라고 하더라도 실전에서는 이 그림의 白1로 경거 망동하지 않는다고 보장할 수 없다.

문제2 • 黑선

〈힌트〉

黑3이 우형의 묘수라고도 할 수 있다.

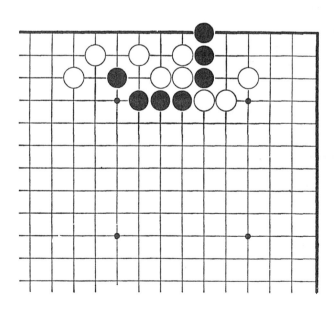

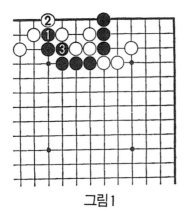

그림1

문제2 ● 해답

그림1(정해)

우선 黑1을 선수하고 본다.

이것은 당연한 수순이지만 계속해서 黑3으로 단순하게 둔 것이 묘수이다.

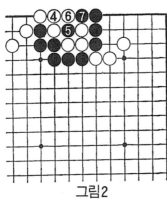

그림2

그림2(속·정해)

白4에 이으면 黑5의 먹여치기로부터 7까지 멋지게 연단수가 성립된다.

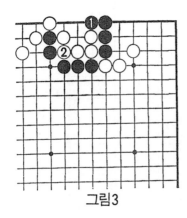

그림3

그림3(실패)

그림1의 黑3에서 1로 꼬부리는 것도 하나의 수단이지만 白2로 냉정하게 응수하여 그뿐이다.

이 예제에서 볼 수 있는 맥이 급소가 되는 경우가 이따금 있다. 유의하기를 바란다.

문제3 • 白선

〈힌트〉
단수, 단수로 끝까지 정확하게 읽기 바란다.

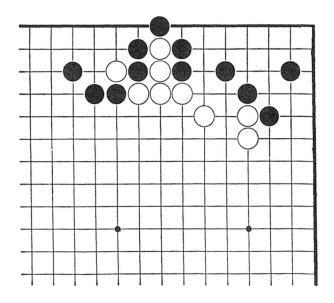

문제3 • 해답

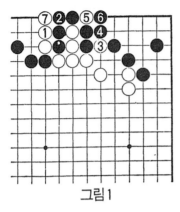

그림1

그림1(정해)

연단수에는 수순이 중요하지만 이것은 이의 견본과도 같은 문제이다.

우선 白1을 결정하고 나서 3으로 끼우고 白5의 먹여치기로부터 7로 단수한다.

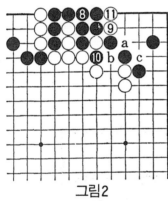

그림2

그림2(속·정해)

黑8로 이었을 때 白9, 11로 단수, 단수로 몰고간다.

다음에 黑이 이으면 다음은 白a, 黑b, 白c로 크게 잡을 수 있다.

그런데 白5로 7에 그냥 몰면 白5에 이어 별 소득이 없으므로 주의한다.

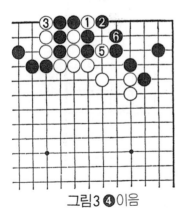

그림3 ❹이음

그림3(실패)

그림1의 白3으로 1의 먹여치기를 먼저 하는 것은 수순이 틀렸다. 白5에 끼웠을 때 黑6의 끝기로 실패한다.

7. 연구문제

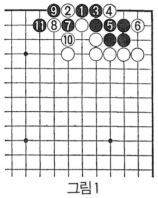

그림1

● 연구문제 1 ●

기본편 "3패 만드는 수"의 문제8을 자세히 알아보기로 한다.

그림1(패)

黑1의 젖히기가 이런 경우, 유력한 수단으로서 黑1에서 4까지 패를 만드는 것이 효과적인 경우가 많은 것이다.

白2에 3으로 잇고, 이하 白10에 黑11로 젖힌다.

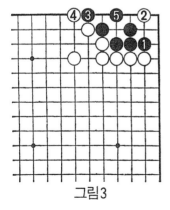

그림2 ⑮ 패잡음

그림2(버틴다)

白12에 黑13으로 패감을 쓰고 버텨 나간다.

그림3(패)

黑1은 보통 악수이지만 이것으로도 白2에 黑3, 5로 패로 만들 수 있다.

그림3

● 연구문제 2 ●

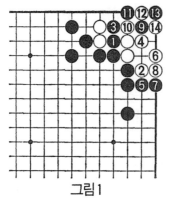

그림1

응용편 "2.잡는 수"의 문제12의 변화 에 대해서 다루어 보았다.

그림1(패)

黑1에 나왔을 때 白3으로 받지 않고 白2로 벗어나는 수단이 있다. 黑3일 때 白4의 꼬부리기가 좋은 수단으로서, 이 하 黑9일 때 白10, 12, 14로서 패로 버티 면 된다.

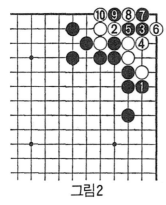

그림2

그림2(변화)

앞 그림의 黑3으로 1로 막는 것도 白2 로 무조건 죽는 것이 아니다. 黑3의 치중 이하 黑7일 때 白8, 10의 수단이 성립하 여 역시 패이다.

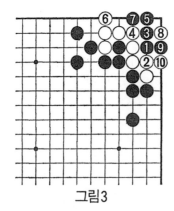

그림3

그림3(실패)

그림2의 黑3은 1도 맥인 것 같지만 결 국 白10으로 무조건 살 수 있다.

坂田栄男
바둑 시리즈

신국판 / 평균 224면

1. 바둑의 첫걸음 바둑의 소양에 필요한 바둑의 기초적인 문제를 설명한 책이기 때문에 이 책을 접하게 되는 초보자는 기력이 향상되는 길이 저절로 보이게 된다.

2. 바둑의 공격·방어 적의 대마를 죽여서 압도적인 승리를 하게 되는 공격법과 방어의 요령을 분석하였으므로 상대를 이기는 통쾌감이 한층 더할 것이다.

3. 바둑의 전략·포석 중반 이후의 강력함과 포석단계의 미약함이 불균형을 이루는 초보자를 위한 책으로서, 포석의 바른 방법을 익혀 주도권을 갖고 바둑을 두게끔 만들었다.

4. 바둑의 정맥·급소 부분전투의 꽃이라 불리는 정수의 맥을 여기서는 어려운 것 없이 실전에서 많이 대하게 되는 정수의 맥에 대해서 설명해 주고 있다.

5. 바둑의 정석·실전 바둑의 정석을 철저한 중점주의를 채택해 썼으며 독자의 이해에 도움을 주고자 실전시의 새로운 형을 풍부히 인용했다는 장점을 갖고 있다.

6. 바둑의 묘수·끝내기 바둑 종반의 승패에 큰 영향을 주는 것은 끝내기이다. 본서는 독자들에게 끝내기의 기초지식을 체득하게 끔 하여 바둑 종반의 묘미를 한층 살려 주고 있다.

7. 바둑의 정석·속임수 멋쟁이는 추운 겨울에도 얇게 옷을 입고 겉모습을 멋지게 보이려 한다. 그렇듯이 바둑도 정석 외의 속임수를 사용하면 그 묘미가 더하게 된다.

8. 바둑의 다음 착안점 초급 상대용 (바둑 테스트)의 후편으로, 4급의 테스트·3급의 테스트·2급의 테스트·1급의 테스트·초단의 테스트의 총 5장으로 만들었다.

9. 바둑의 정석·변화 본서는 저자가 초보자들로부터 받은 질문을 정리해 놓았고 그에 대한 답을 정리해 두었기 때문에 바둑의 실력 향상에 보탬이 될 것이다.

10. 바둑의 전략·실전 본서는 자신이 갖고 있는 참다운 실력을 묻고 있다. 우선 정석의 주변을 주시해 보았으며 대국 장면은 실전을 그대로 중계하는 방법을 취하고 있다.

🔂 **일신서적출판사**

⑫①②①-①①⓪ 마포구 신수동 177-3 / 영업부 : 703-3001~6
편집부 : 703-3007~8, FAX : 703-3009

必勝바둑강좌 10

승부 수 묘수풀이

- 著者 / 篠原正美
- 校閱 / 沈宗植
- 編譯者 / 一信·圍碁書籍編纂會
- 發行者 / 南 溶
- 發行所 / 一信書籍出版社

[1][2][1]-[1][1][0] 서울 마포구 신수동 177-3
등록 : 1969. 9. 12. NO. 10-70
전화 : 영업부 703-3001~6
　　　편집부 703-3007~8
　　　FAX 703-3009
© ILSIN PUBLISHING Co.

❶ 값 7,000원